# SOUVENIRS
# D'ESPAGNE.

# SOUVENIRS
# D'ESPAGNE

PENDANT LES ANNÉES

1808, 1809, 1810, 1811, 1812, et 1813,

AVEC DES OBSERVATIONS SUR LES RICHESSES ET LA FERTILITÉ DE SON SOL, AINSI QUE SUR LES MOEURS, LES COUTUMES ET LE CARACTÈRE DES ESPAGNOLS,

PAR M. LIMOUZIN.

A SAINTE-MÉNEHOULD,
Chez POIGNÉE-DARNAULD, Imprimeur-Lib.
A PARIS,
Chez LECOINTE, Libraire, Quai des Augustins, n.° 49.

1829.

*SE TROUVE,*

A STENAY,

Chez l'auteur.

A VOUZIERS,

Chez Poignée, jeune, Imprimeur-Libraire.

Et chez les principaux libraires de la France.

---

Sainte-Menehould, Imprimerie de POIGNÉE.

*Lieutenant-Général des armées du Roi, Commandeur de l'Ordre royal de la Légion d'honneur, Chevalier de S.t-Louis, &c.*

M. le Vicomte,

*Oser faire paraître ce faible ouvrage sous vos auspices, serait en acquittant le vœu de mon cœur, montrer autant de présomption que de témérité, si je n'avais la parfaite conviction qu'il ne devra le jour qu'à vos bontés et à votre indulgence. La puissante protection que vous daignez m'accorder me presse de vous témoigner l'effusion de ma vive gratitude, et j'ai cru devoir saisir l'occasion qui m'en était offerte. Votre extrême modestie, Monsieur le Vicomte, n'aura point à souffrir de mes louanges : je ne parlerai pas des glorieux succès qui vous ont illustré dans la plus noble et la plus pénible de toutes les carrières, de votre dévouement sublime, de l'estime particulière et de l'auguste bienveillance dont vous honore un grand prince : la juste admi-*

*ration que l'on doit à vos vertus est au-dessus de la peinture que j'en voudrais faire; car, comment pouvoir louer dignement un héros dès long-tems consacré à l'histoire et à la tradition, et dont les hauts-faits sont burinés dans nos annales militaires. Je sais, M. le Vicomte, que les éloges les moins équivoques fatiguent si on les publie sans les égards nécessaires. C'est à quoi je n'ai garde de m'exposer; ma délicatesse me ferait souffrir autant que vous souffririez, s'il m'échappait quelques expressions qui marquassent trop vivement ce que je dois à votre constante sollicitude. Je saurai l'éviter en me renfermant dans le dessein qui m'a porté à vous offrir un éclatant hommage du respect inviolable, et de la profonde vénération avec lesquels, j'ai l'honneur d'être,*

Monsieur le Vicomte,

Votre très-humble et très-
obéissant serviteur,

LIMOUZIN.

# AVANT-PROPOS.

Les guerres de 1807 à 1814 en Espagne ont fait naître une foule de mémoires. Les différens auteurs qui ont écrit sur cette matière, ont négligé de parler des mœurs, des coutumes, et du caractère des habitans de ces riches contrées, et ceux qui en ont dit quelque chose paraissent n'avoir écouté que leurs passions, ou plutôt l'idée générale que nos soldats se sont faite de la prétendue barbarie des Espagnols. Il est certain que ceux-ci employèrent souvent des moyens violens pour s'opposer aux succès de nos armées, se dévouant même quel-

*

*quefois à une mort certaine pa[illegible] un pur sentiment de patriotisme je ne prétends pas justifier quelque faits isolés, où la cruauté réfléchie d leurs* guérillas, (1) *n'a pas d'exem ples dans les annales militaire. L'injuste invasion du territoire espa gnol avait exaspéré tous les esprits l'effervescence était à son comble la haine contre les français naturelle et le désir de la vengeance pouss à l'excès. D'ailleurs les prêtres n cessaient de répéter en chaire que quiconque mourrait en défendant so pays, jouirait de l'éternelle félicit Les fanatiques paraissaient en êtr convaincus, ce qui donna lieu à un infinité d'actions héroïques. La de*

(1) Partisans organisés.

*fense des Espagnols était légitime. Violateurs de leurs droits les plus sacrés, ils nous avaient en horreur. Nous ne pouvons leur refuser une constance inébranlable à supporter des maux inouis, et un grand courage dans l'adversité. Il serait donc injuste de juger des mœurs et du caractère de cette nation, eu égard aux faits suggérés par leur désespoir dans ces temps de deuil et de calamité.*

# SOUVENIRS D'ESPAGNE.

L'ESPAGNE pouvait être considé-
rée, il y a vingt ans, comme le plus
riche pays de l'Europe, tant par la
fertilité de son sol, qu'à cause de ses
possessions en Amérique, d'où elle
tirait chaque année des revenus immenses, et des marchandises non
moins précieuses : aussi, le faste de
la cour de Madrid surpassait-il celui

des autres cours de l'Europe. Les ambassadeurs de cette puissance effaçaient le luxe des autres ambassadeurs; rien n'était comparable à la magnificence de leur train et à l'apparat de leur somptueuse représentation. Ces heureux tems sont bien changés, puisqu'aujourd'hui les revenus de l'état ne peuvent suffire à tous les besoins; les caisses royales sont presque toujours vides, et la dette publique est immense. Il n'entre pas dans le plan que je me suis proposé en écrivant mes Souvenirs, de faire des réflexions sur les causes de la pauvreté actuelle du royaume d'Espagne, comparée à son ancienne splendeur; elles sont généralement connues. La dernière guerre lui a peut-être été plus funeste que les précédentes. Les discordes civiles en sont encore la suite; la partie la plus éclairée de cette nation courageuse, ces nobles et généreux défenseurs du territoire, envahi par Napoléon, gémissent aujourd'hui sur de nouveaux malheurs. Deux partis se font une guerre acharnée. Le fanatisme demande le pouvoir absolu, et les Espagnols véritablement patriotes désirent une sage liberté. Quelle nation mérite mieux d'être régénérée!

En 1808, après la défaite de Bayen, où le brave général Dupont fut lâchement abandonné à ses propres forces, et dut, malgré ses nobles efforts, céder la victoire aux Espagnols, un renfort considérable, c'est-à-dire, une nouvelle armée, fut envoyée dans la Péninsule. Nos soldats à leur entrée sur ce territoire furent péniblement affectés; l'aspect de la Biscaye n'est pas de nature à recréer la vue ni l'imagination. Un sol assez fertile à la vérité; mais couvert, en partie, de maïs, de sites sauvages et souvent incultes, de villages déserts et isolés, de fermes abandonnées, et de quelques paysans couverts de peaux de mouton, en proie à la plus affreuse misère. Ajoutez à ce tableau la rencontre journalière des charrettes de ces tristes contrées, attelées de deux bœufs, et couvertes de soldats français, blessés ou malades, et dont la plupart mouraient en route faute de soins. Ces charrettes dont l'essieu tourne avec les roues, occasionnaient un bruit épouvantable à plus d'une lieue de distance.

Telles étaient les provinces que nos armées traversaient en silence: le découragement et la stupeur se peignaient sur tous les visages; chaque soldat, en voyant ses malheureux frères d'armes calcinés par l'ardeur du soleil, et succombant sous l'influence du climat, devait nécessairement appréhender un pareil sort. Cependant l'anxiété de nos troupes ne fut pas de longue durée; à mesure que l'armée avançait, le pays devenait plus riant et plus fertile, les habitans moins sauvages et plus civilisés. Il est vrai que les soldat espagnols fuyant devant nous, répar daient la terreur dans les campagnes et faisaient courir les bruits les plu absurdes sur notre compte. Mais bier tôt rassuré par la discipline qu'o s'efforçait de faire observer à nos trou pes, et par le respect qu'on avait pou les villes et les villages qui nou étaient soumis, ou qui feignaient d l'être, l'habitant rentratit en partie dan ses foyers, heureux de pouvoir profite de quelques restes de provisions échap pées aux immenses requisitions e aux besoins du moment. Quelle péni ble situation que celle de ces malheu reux cherchant à se soustraire à l'op pression par la fuite, ou confiant leurs jours à la générosité du vainqueur.

Il me serait difficile de donner une idée précise de cette partie de l'Espagne; nous l'avons traversée trop rapidement, il ne m'en reste qu'un léger souvenir. Mes observations ne seront justes qu'à partir des lieux où nous avons fait quelque séjour et fréquenté les indigènes.

On sait que le Biscayen et le Catalan sont les moins civilisés des peuples de la Péninsule. Leurs mœurs sont conformes à leur caractère. Le Catalan est défiant, dissimulé, cruel et naturellement enclin au vol et au brigandage. Bon soldat, il supporte toutes les privations et sait braver tous les dangers pour parvenir à ses fins.

Le Biscayen moins féroce, est peut-être d'un naturel plus dangereux e plus perfide.

Après la revue passée à Burgo par Napoléon, l'armée marcha san s'arrêter jusqu'à Madrid. La divisio du général Dessolle fut spécialemen désignée pour former la garnison de cette capitale. Son effectif était d'environ dix mille hommes; j'en faisais partie. Nous séjournâmes à Madrid pendant une année entière, et y souffrîmes beaucoup; couchant dans les couvens, sur de mauvaises paillasses étendues sur le pavé, accablés de service, et vivant assez mal; nous désirions ardemment d'en partir. Celui qui avait de l'argent pouvait seul oublier ses fatigues en fréquentant les spectacles, les tavernes et les restaurans; mais le soldat réduit à la simple ration faisait triste figure.

MADRID, grande et riche ville, capitale du royaume d'Espagne, résidence ordinaire de la Cour, contient une population de cent soixante mille habitans. Ses rues sont larges et bien percées, ses places spacieuses et ornées de magnifiques fontaines en marbre, représentant plusieurs sujets historiques et fabuleux. Ces fontaines distribuent une eau saine et abondante dans toute la ville. Le palais du Roi, d'une architecture moderne, est remarquable par sa grandeur. Les édifices publics, et notamment les églises et les couvens y sont fort beaux; mais rien n'est comparable à la magnificence du Prado. Cette promenade publique est peut-être la plus belle du monde; la nature s'est plu à la favoriser de ses dons : il ne faut rien moins qu'un ciel constamment pur, des rosées surabondantes, et un printemps perpétuel, pour avoir secondé les efforts de l'art lorsqu'on la créa. Quel prestige! quel spectacle enchanteur! de voir chaque soir quarante mille personnes jouissant du charme répandu dans ce lieu de délices. Le concours prodigieux des femmes aimables qui s'y rendent, n'en est pas le moindre ornement. Par une conséquence naturelle de ce beau ciel, de cette température douce et bienfaisante, de ces rosées fructueuses et de ce sol fécond, les environs de la capitale sont très-peuplés et approvisionnent les marchés de tout ce qui est nécessaire à la vie. Le pain d'*alcala* y abonde et y est excellent, et le vin de la Manche, à nul autre pareil, satisfait la sensualité du riche, et répare les forces de l'artisan et du pauvre; la médiocrité de son prix le met à la portée de toutes les fortunes; le loyal castillan n'a pas cru à la possibilité d'empoisonner impunément ses concitoyens, en dénaturant le jus de la treille : cet affreux privilége était réservé à nos marchands de vins de Paris, qui s'enrichissent au détriment de notre santé.

Le lait y est aussi d'une excellente qualité : on ne fait usage que de celui de chèvres. Ces animaux vivant en liberté dans les campagnes voisines s'y nourrissent de plantes balsamiques et délicieuses. Chaque matin elles sont ramenées dans la ville, et *traites* dans les rues; on est dès-lors convaincu de la fraîcheur de ce lait et de son extrême pureté.

Madrid est peut-être, de toutes les villes d'Espagne, celle où l'on respire l'air le plus salubre, malgré la brulante ardeur du soleil, le voisinage des montagnes de *Guadarama* y entretient une fraîcheur délicieuse; on n'y est jamais incommodé de ces chaleurs accablantes, occasionnées en été par un ciel nébuleux, ou de fréquents orages; aussi le peuple de cette ville est robuste et bien portant.

L'habitant de Madrid et l'espagnol

en général est hospitalier, généreux, rangé, sûr en affaires, se liant difficilement; mais dès qu'il accorde son amitié, elle est inviolable, on peut en attendre tous les secours et tous les sacrifices.

La sobriété du castillan, et surtout sa noble gravité sont passées en proverbe. Il faut avoir vécu dans l'intimité des Espagnols pour pouvoir les apprécier : quoiqu'ils eussent voué, dans ces temps de malheur, une haine mortelle à la nation française, ils n'en remarquaient pas moins ceux d'entre nous auxquels ils avaient reconnus des qualités ou des vertus, ceux-ci acquéraient dès-lors des droits à leur estime, et souvent à leur affection.

J'eus l'inappréciable avantage de

fréquenter à Madrid quelques familles distinguées ; ayant mérité leur confiance, ils n'avaient rien de caché pour moi.

Il faut être naturellement sensible, et avoir un penchant à la mélancolie, pour bien sentir le charme attaché à la société de quelques personnes unies par le cœur et l'adversité. Presque toutes nos soirées s'écoulaient en conversations et en mutuels épanchemens ; quelquefois la musique faisait une agréable diversion. J'écoutais avec une sorte de recueillement religieux les doux accens de quelques jeunes demoiselles, mariant leurs voix touchantes au son de la guittare, dont elles s'accompagnaient avec autant de grâce que de légèreté. J'ai bien souvent regretté ces soirées charmantes et tranquilles, si différentes de nos réunions tumultueuses de Paris, où chacun se livre à la critique, à la médisance, et souvent à la calomnie.

Rien n'est plus méthodique qu'un Espagnol vivant de ses revenus. Tous les instans de sa vie sont religieusement consacrés à ses habitudes journalières. Après son lever, son premier soin est d'assister à la messe, après laquelle il prend son chocolat, dîne ordinairement à midi, fait sa *siesta* (1) jusqu'à quatre heures, se rend ensuite à la promenade, ou dans quelques réunions d'hommes, pour y fumer, y faire sa partie, ou s'y

(1) Méridienne.

livrer au plaisir d'une conversation aussi paisible qu'intéressante ; retourne souper très-légèrement, et se couche quelques heures après. Cette uniformité fait son bonheur.

Madrid n'est pas une ville très commerçante ; mais les familles opulentes et les grands du royaume qui y ont fixé leurs domiciles, la rendaient autrefois la plus florissante et la plus riche de la Péninsule. Il n'y avait de mendians que ceux qui voulaient bien l'être, car les couvens nourrissaient de leur superflu une foule de fainéans. L'analogie des deux sectes produisait une sorte de simpathie entre elles, les paresseux pauvres étaient les apologistes des paresseux riches ; les premiers en exaltant les vertus monastiques, y trouvaient bien leur compte. Toutefois la classe des nécessiteux s'est beaucoup multipliée depuis quelques années en Espagne : on doit en attribuer la cause aux calamités inséparables d'une longue suite de guerres funestes et désastreuses.

Les femmes de Madrid sont plus jolies que belles, leur figure est plus piquante que régulière; quoique généralement petites, leur taille est souple, élégante et voluptueuse ; avec les plus beaux yeux du monde, leur regard est expressif et tendre, rien ne peut être comparé à la délicatesse de leurs pieds, aussi mettent-elles tout l'art possible dans leur chaussure; des robes courtes de lévantine noire, ornées de trois rangs de franges, dessinent admirablement leurs belles formes, et laissent appercevoir une jambe à laquelle il est difficile de résister. Rien n'est mieux entendu et plus séduisant que leur costume, elles l'ont si bien senti, que depuis fort long-temps la mode n'y a apporté que de légers changemens. Presque toujours coiffées de leurs cheveux, qu'elles ont très-beaux, elles se couvrent la tête d'une sorte de voile nommé *mantilla*, qui donne infiniment de grâce à tous leurs mouvemens. Leur démarche est à la fois noble et majestueuse; un charme inexprimable, répandu sur toute leur personne, force les plus indifférens à les aimer. Naturellement portées à la tendresse par une complexion ardente, et l'influence du climat, elles connaissent fort jeunes le pouvoir de l'amour. Cette passion fait le bonheur ou le tourment de leur vie; jalouses, elles sont capables des plus grands sacrifices, comme des plus grands écarts, soit pour favoriser un amant aimé, soit pour se venger d'un perfide; enfin modèles d'une véritable tendresse, et plus constantes que légères, elles passent pour épouses fidèles et attachées à leurs devoirs.

Ce serait peut-être le moment de citer quelques faits qui me sont personnels, et qui prouveraient combien les femmes espagnoles sont sensibles; mais je ne dois pas faire encore l'histoire de mes amours, elles sont la source de tous mes malheurs, et pourront former un volume, que je publierai en temps opportun. Les fringantes andalouses occuperont aussi mes veilles, je serais un ingrat si je pouvais les oublier jamais, et je croirai me retrouver encore avec elles, quand l'occasion se présentera de leur consacrer quelques souvenirs.

Depuis l'affaire du 2 mai 1807, où nos soldats, sous les ordres du général Murat, firent un horrible carnage des patriotes espagnols à Madrid, le peuple de cette capitale sentit qu'il était autant impolitique que dangereux de nous résister à force ouverte. Aussi avons-nous joui, jusqu'à la retraite de 1813, de la plus parfaite tranquillité. Je n'ai pas mémoire qu'il se soit commis un acte attentatoire à la vie d'un soldat français, quoique la plupart de ces derniers, et surtout les officiers de la garnison, parcourussent la ville à toute heure du jour et de la nuit, et fréquentassent les bals et les spectacles. Il est vrai que le service de la place se faisait supérieurement; une bienveillance réciproque régnait même entre nos chefs et les notables de la capitale.

Le général Auguste Béliard aujourd'hui maréchal de France était alors, gouverneur de Madrid; il fut aimé des français et des espagnols, et méritait de l'être. Doué des plus belles qualités du cœur, d'une rare intégrité, d'un zèle actif, d'une fermeté inébranlable, et d'un attachement sans bornes à ses devoirs, il était le protecteur du faible contre l'injustice et l'oppression. Son affabilité, les grâces de sa personne, et l'urbanité de ses manières lui avaient gagné tous les cœurs; modèle des chevaliers français, les espagnols le nommaient *la flor de los cortesanos*, *el quérido de las bellas* (1). Le roi Joseph l'affectionnait beaucoup. *A propos de ce roi*, on pouvait dire : c'est un bon homme, et voilà tout. Sa cour était bien celle du *roi Pétaud* : le poids du diadême paraissait l'accabler. Véritable automate, n'agissant que par ses ministres, il fut moins haï que méprisé des

(1) La fleur des courtisans, le chéri des belles.

espagnols, qui ne voyaient en lui que l'ombre d'un souverain : il se fit long-temps illusion sur leurs dispositions à son égard. Les maréchaux d'Empire de Napoléon, n'étant pas soumis à ses ordres, lui firent un tort considérable dans l'opinion publique. On le nommait ironiquement *Josè pepino*, *Pepè botellas* (1). Cette dernière épithète n'avait d'ailleurs aucun rapport à ses goûts; Joseph Bonaparte ne fut jamais un ivrogne. Sa passion dominante était l'incontinence, à laquelle il se livrait avec une sorte de fureur. Des courtiers d'amour étaient fréquemment employés à pourvoir à ses besoins et à ses caprices. Plusieurs espagnols immoraux et peu

(1) Joseph cornichon, Joseph la bouteille.

scrupuleux, obtinrent des emplois et des récompenses en sacrifiant l'honneur de leurs filles ou de leurs épouses: méprisés par les français, et couverts d'opprobre par leurs concitoyens, ils ont depuis bien cruellement expiés cet instant de leur fortune éphémère.

Rien n'était plus digne d'être observé que la nouvelle cour de Madrid. Composée d'espagnols qui, surpris de se trouver subitement élevés aux premières places du royaume, couverts de décorations, et honorés de nouveaux titres, s'efforçaient de justifier la confiance du souverain; d'italiens qui, venus de Naples avec le nouveau monarque, avaient aussi part à sa prédilection et à ses faveurs; enfin de quelques français qui, disgrâciés ou bien oubliés par Napoléon, avaient sollicité et offert leurs services à son frère; tel était à peu près l'entourage du roi Joseph.

Sa garde était aussi composée d'Italiens et de Piémontais, la plupart indisciplinés et brétailleurs; de militaires sortis de nos rangs, et ordinairement la lie des régimens, qui en s'enrôlant dans ces nouveaux corps fort mal disciplinés, trouvaient moyen de continuer leurs désordres.

Les régimens espagnols qu'on s'efforça d'organiser valaient moins encore: la désertion était journalière. A peine ces soldats étaient-ils habillés aux frais du nouveau gouvernement que partant avec armes et bagages, ils rejoignaient les armées nationales. C'est pourquoi les Espagnols nommaient le roi Joseph *el sastre mayor de los soldados.* (1)

J'eus la curiosité d'assister un jour à une réception solemnelle de la nouvelle cour de Madrid. Le roi Joseph était assis sur son trône, entouré de ses ministres, des grands d'Espagne de sa fabrique, des ambassadeurs, de plusieurs généraux français, en un mot, de toute l'élite de ses nouveaux sujets. Je crus assister à la représentation d'une tragédie en province; malgré la pompe des décors et la richesse des costumes, je ne pus me faire illusion. Joseph Bonaparte paraissait gêné sous ses habits royaux,

(1) Le maître tailleur des soldats.

sa contenance était contrainte et son air gauche : plus il cherchait à en imposer, plus il me parut affecté et ridicule; il me fit l'effet de *Don Fernand*, de l'immortelle tragédie du Cid de Corneille, représenté par Dumilâtre (1). Les autres personnages de cette scène burlesque n'étaient pas mieux dans leurs rôles; peut-être sentaient-ils que tout cela n'était réellement qu'une comédie, et qu'un jour ils en seraient pour les frais. Je remarquai plusieurs espagnols simplement admirateurs de cette cérémonie, et qui me parurent beaucoup s'amuser.

Le roi Joseph et toute sa cour assistèrent aussi à la procession de la Fête-Dieu, de l'année 1809. Cette

(1) Acteur de la comédie française.

cérémonie fut somptueuse et imposante. Environné du haut clergé de la capitale, de nos généraux et des troupes qui bordaient la haie sur son passage, le prince affectait des sentimens de piété qui édifièrent le peuple. L'ordre fut admirablement observé; nos soldats paraissaient même pénétrés d'un recueillement religieux. Cette superbe fête me donna une idée de la richesse des églises de Madrid, et du nombre prodigieux de prêtres et de moines dont cette ville abonde, car, quoiqu'il en fut sorti plus de moitié depuis l'occupation, et que tous ceux qui étaient demeurés n'assistassent point à cette procession, on en compta cependant plus de deux mille.

Deux ou trois mois après l'occupation de cette capitale par nos troupes, les habitans rentrèrent en partie dans leurs maisons, et reprirent le cours de leurs habitudes et de leurs occupations journalières. Les cafés, les spectacles et les promenades étaient très-fréquentés, et les combats de taureaux fort suivis : le roi Joseph savait que ce spectacle éminemment national avait un grand attrait pour son bon peuple de Madrid ; aussi, ordonna-t-il qu'il fut souvent renouvelé à ses frais. On ouvrit également des bals publics (à l'instar de Paris) dans plusieurs endroits ; de jolies espagnoles vinrent y étaler leurs grâces et leurs parures, et s'y familiariser avec nos danses françaises : il est vrai que ces dames n'étaient pas d'un rang très-distingué, mais nous n'y regardions pas de si près; d'ailleurs nous ne pouvions pas nous montrer fort difficiles.

L'habitant de Madrid est de son naturel grand politique, le rentier comme le porteur d'eau, lisent et et commentent les journaux avec une extrême avidité. La distribution des feuilles et des papiers publics se fait par des aveugles qui parcourent les rues de cette capitale avec une grande célérité, en criant à tue-tête : *Gazèta nuèva de hoy* (1). Chacun à cet avis leur cède le passage avec plaisir.

Il y a à Madrid trois grands théâtres, dont deux sont spécialement

(1) Nouvelle gazette d'aujourd'hui.

consacrés à la comédie et à la tragédie, et l'autre à l'opéra italien. Celui-ci était alors en faveur quoiqu'il valût beaucoup moins que les théâtres nationaux sous le rapport des artistes. Le théâtre du prince surtout était riche en talens; on y remarquait les Maïquez, les Querol, les Gusman, et beaucoup d'autres dont les noms échappent à ma mémoire.

Comme mon livre pourrait tomber entre les mains de quelques personnes qui ont pu jouir du rare talent de Maïquez, je suis bien aise de leur apprendre qu'elle fut la fin prématurée de cet estimable artiste, digne élève de Kemble et de Talma. Maïquez porta la terreur tragique presqu'au point de noblesse et d'élévation que nous admirâmes dans le Roscius français. Les Espagnols n'avaient pas connus jusqu'alors le pouvoir d'une déclamation véhémente, exempte d'emphase, secondée d'une pantomime savante et pleine d'énergie. Maïquez leur révélant les secrets de son art, fit une révolution au théâtre national et devint chef d'une nouvelle école; chaque fois qu'il devait paraître dans une pièce, le théâtre était rempli. Ce fut particulièrement à ses soins que les Espagnols furent redevables des représentations de plusieurs chefs-d'œuvre de notre scène, depuis long-temps élégamment traduits en langue castillane: il y parut avec éclat et y déploya la puissance de ses moyens.

Néron, Oreste, Auguste, Cinna, Orosmane, OEdipe, Manlius, Hamlet, Catilina, furent autant de triomphes pour lui. Ces triomphes causèrent sa perte. Des ennemis jaloux de sa gloire osèrent l'accuser près du gouvernement de Ferdinand VII, d'avoir mis trop de chaleur dans ses rôles de républicains, il fut exilé. Trop sensible à sa disgrâce, et ne pouvant surmonter de violens chagrins, ce grand acteur mourut à la fleur de son âge victime d'une injuste oppression. Maïquez fut non-seulement un excellent comédien, mais encore le meilleur des hommes. Sa bienfaisance, la douceur de son caractère et ses autres vertus, lui avaient fait beaucoup d'amis : l'illustre Talma donna souvent des larmes à sa mémoire; il ne devait pas longtempslui survivre.

Les auteurs castillans les plus renommés, tels que *Don Lopez de Véga*, *Don Pédro Caldéron de la Barca*, *Moratin*, *Moretto*, *etc*, sont fréquemment représentés sur les théâtres nationaux, et méritent de l'être; plusieurs de leurs ouvrages sont justement estimés. J'assistai un jour à une représentation du Tartufe de Molière admirablement joué par les acteurs du théâtre du prince. L'enthousiasme des Espagnols était à son comble, et les bravos répétés à l'unanimité se firent long-temps entendre après la chûte du rideau. Que des comédiens s'avisent aujourd'hui de jouer cette pièce en Espagne, leur théâtre sera bientôt fermé : heureux s'ils ne vont pas expier leur témérité à l'île Mayorque où à Ceuta.

Les Castillans tirent une grande vanité de la richesse de leur langue, ils lui donnent le nom d'incomparable. En effet, elle est douce, harmonieuse, énergique et imposante; se prêtant à tous les tons, elle excelle particulièrement à exprimer les transports de l'amour. La traduction en vers des lettres d'Héloïse et d'Abeillard de Colardeau, l'emporte beaucoup sur l'original; les sentimens d'une passion vivement sentie, et aussi vivement partagée y sont délicieusement exprimés. C'est surtout après la funeste catastrophe de son amant, qu'Héloïse semble avoir épuisé les trésors de cet idiôme, pour peindre son infortune et ses tourmens... Son style est constamment élevé, touchant et sublime.

L'excessive sévérité de la censure, et le despotisme inquisitorial ont proscrit une infinité d'excellens livres en Espagne. La poésie surtout si riche de fictions n'ose plus s'y montrer que pâle et décolorée; les personnes qui veulent jouir du charme d'une lecture attachante doivent se bien cacher. Quiconque était autrefois convaincu d'avoir lu Voltaire ou Jean Jacques, devait faire amende honorable et abjurer ses erreurs; la littérature espagnole a beaucoup souffert d'un si cruel asservissement.

Le spectacle est extrêmement varié sur les théâtres d'Espagne : car, outre la grande pièce et le *Sainete* (1) qui le termine, on chante souvent une *Tonadilla* (2) pendant les entr'actes, et on exécute le Boléro ou le Fandango. Ces danses dites de caractère ont le privilége de ne jamais ennuyer le spectateur, quoiqu'on les répète tous les jours. Exécutées avec infiniment de grâce et d'aplomb, ces pantomimes m'ont toujours paru d'une expression voisine de l'indécence; mais on est forcé de les tolérer, car en les défendant, les théâtres seraient bientôt déserts.

Il y a encore à Madrid quelques

(1) Sorte de pièce bouffonne.

(2) Grand air à une seule voix.

spectacles subalternes, où se rendent le peuple et les soldats, ils sont si inférieurs à ceux de même nature dont Paris abonde, que je crois inutile d'en parler.

Le combat des taureaux contre des hommes et des chiens, est le spectacle le plus en vogue chez les Espagnols. Dans les principales villes du royaume il y a des cirques destinés à ces combats ; on voit souvent des amateurs de ce genre de spectacles, vendre leurs effets pour y assister. Un *Torréador* est un grand personnage en Espagne, il est plus largement rétribué qu'un général de brigade ; lorsqu'il est revêtu de ses habits somptueux, on se porte en foule sur son passage. N'est pas, qui veut, *Matador* en ce pays; c'est un beau nom, c'est un beau titre.

A la suite des spectacles, je ne dois pas omettre la fête du nouveau roi, la S.t Joseph; c'était, je m'en souviens, le dix-neuf ou le vingt mars 1809. Le gouvernement fit des préparatifs et des frais immenses pour la célébrer dignement. Dès la veille, des salves d'artillerie se firent entendre du Retiro, et l'annoncèrent à plusieurs reprises. Le lendemain matin une partie de la garnison était sous les armes au Prado, et se rendit à une messe solemnelle où assistèrent le roi et toute sa cour. Après midi des distributions extraordinaires d'argent et de vivres de toute espèce, furent faites aux pauvres et aux soldats. Les théâtres et les bals ouverts *gratis* et la canaille généreusement salariée pour crier des *vivat* en l'honneur du roi patron. Malgré tant de fausses démonstrations de joie, une sorte de consternation se remarquait sur le visage des véritables patriotes, forcés de sortir pour vaquer à leurs affaires. Les théâtres ne furent remplis que de français, et d'espagnols de la dernière classe du peuple, et le soir, malgré le prestige d'une illumination magnifique, les maisons restèrent fermées, et les rues presque désertes. Enfin, en dépit de son charlatanisme, le gouvernement du *Bon Roi* dut bien s'apercevoir qu'il n'était point aimé. On prétend que le pauvre Joseph, ordinairement d'une humeur assez égale, fut ce jour-là, boudeur et maussade.

Après les affaires de Talavéra et d'Almonacid, où les armées anglo-espagnoles s'attribuèrent la victoire, nous nous attendions chaque jour à évacuer Madrid: les habitans paraissaient en être persuadés. L'espoir vint un instant dérider leurs fronts sévères, mais cette joie ne fut pas de longue durée; la défaite de leurs troupes dans les plaines d'*Ocana* vint bientôt les désabuser. Dans cette journée mémorable, nous leur fîmes vingt mille prisonniers, qui furent à l'instant conduits à Madrid et renfermés au *Retiro*. (1) C'est peut-être l'unique exemple que l'on

(1) Espèce de fort.

puisse citer dans les guerres des différens peuples, d'avoir enfermé un si grand nombre de l'armée des ennemis dans leur propre capitale. Cela dut prouver aux Espagnols, combien grande était la confiance que nous avions dans nos forces, et le peu de crainte qu'ils nous inspiraient. A partir de cette époque nos succès dans la péninsule furent toujours croissans, puisque six mois plus tard nous occupions l'Estramadure, les royaumes de Grenade et de Murcie et toute l'Andalousie jusques sous les murs de Cadix.

Avant notre entrée dans ces riches contrées on ne cessait de parler de la montagne dite *Pèna Perro* qui sépare la Manche de l'Andalousie, comme d'un obstacle insurmontable à franchir ; ce n'était, disait-on, que forts inaccessibles et hérissés de canons, que chemins coupés et minés en plusieurs endroits, que retranchemens et embuscades; au résumé, nous la passâmes presque sans coup férir et l'arme au bras.

Si lors de ces passages, de tels bruits eussent été capables de nous inspirer de l'effroi, nous perdions notre réputation de bravoure et d'intrépidité acquise par vingt années de triomphes et de gloire.

Si en traversant les vastes plaines de la Manche, nous fûmes agréablement surpris de voir tant de vignes encore chargées de leurs fruits, et des champs couverts de bled et de grains de toute espèce, nous éprouvâmes le sentiment de la plus vive admiration à la vue des riches contrées de l'Andalousie. Bivouaqués près de la Caroline, nous arrivâmes les jours suivans sur les bords fleuris du Guadalquivir, et vinmes loger dans la jolie ville D'anduxar. Rien n'est plus riant et plus agréable que ce charmant pays, nous ne pouvions nous lasser de contempler ces coteaux fertiles, ces plantations d'oliviers, ces prairies, ces arbustes variés et qui nous étaient inconnus, enfin les différentes productions d'un sol toujours couvert de verdure.

L'avant garde de notre armée s'avança jusqu'à Séville. Nous prîmes nos cantonnemens dans le Royaume de Jaen. Sept mois de garnison à Andujard et presque deux ans passés à parcourir l'Andalousie m'ont mis à même de la bien connaître.

Sans vouloir me faire l'apologiste des habitans de cette partie de l'Espagne, je dois dire qu'ils m'ont paru et qu'ils sont en effet plus loyaux, plus francs, et plus civilisés que tous les autres peuples de la péninsule. Loin de s'épouvanter à notre approche, nous trouvions toutes les villes et presque tous les villages peuplés, et les maisons prêtes à nous recevoir. Les magasins étaient abondamment pourvus de vivres de toute espèce. Les prêtres et les moines, dont l'ame est plus timorée que celle des autres hommes quand elle n'est pas livrée au fanatisme, n'avaient pas tous abandonné leurs églises, ou déserté leurs couvens; ils renchérissaient même sur l'accueil favorable que nous recevions des habitans : naturellement plus souples et plus politiques que ces derniers, ils étaient aussi plus perfides.

Puisque mon sujet m'a naturellement amené à parler des prêtres et des moines espagnols, je dois dire franchement ce que j'en pense.

Le clergé d'Espagne n'est pas fait pour être mis en parallèle avec le nôtre, il perdrait trop à la comparaison.

Les prêtres de ce pays m'ont paru peu scrupuleux, et faiblement attachés aux obligations de leur ministère; tous leurs efforts tendent à paraître ce qu'ils ne sont pas; leur extérieur est édifiant, mais leurs devoirs leur pèsent. Presque tous adonnés à l'incontinence et au jeu, ils se font une étude particulière de la dissimulation, et pourvu qu'ils sauvent les apparences, le reste leur est indifférent. Il se trouve cependant en Espagne de vénérables ecclésiastiques, attachés à la religion, et fidèles observateurs de la morale évangélique; mais ils sont plus rares qu'en France.

Quant aux moines c'est bien de l'aveu des Espagnols mêmes, la race la plus inutile qui soit au monde. Ces heureux fainéans croupissent dans une méprisable indolence et sont à charge à la société; adonnés à tous les vices, ils négligent souvent de les couvrir du voile de l'hypocrisie; il n'est pas rare d'en rencontrer dans les tripots et dans les spectacles. Ceux qu'on a enfroqués par contrainte ont seuls le sentiment de leur inutilité. Ce qu'il y a de remarquable, c'est que les prêtres les haïssent encore davantage que les autres espagnols, et ne cessent de les tourner en ridicule, et même de les diffamer publiquement. Peut-être notre présence avait-elle produit une sorte de relâchement dans les statuts des différens ordres, toujours est-il avéré que la majorité de la nation les méprise et fait des vœux pour leur sécularisation.

Dans tous les états où la religion

catholique est seule tolérée, les peuples sont plus vicieux et plus démoralisés que partout ailleurs : voyez l'Espagne, le Portugal, l'Italie, le Piémont, y a-t-il des pays où l'on soit plus enclin à la dépravation, au vol et au brigandage. Rome même, la capitale du monde chrétien, le siège de l'empire apostolique, est la ville la plus débauchée et la plus dissolue.... A quoi cela tient-il ?

On sait que les Espagnols sont fanatisés, mais le relâchement de leurs mœurs n'en est pas moins grand et moins scandaleux.

Un Espagnol assiste régulièrement à la messe par habitude, et presque toujours sans dévotion : au sortir de l'église, il n'en est pas moins disposé à suivre ses penchans vicieux : les femmes paraissent encore plus attachées à leurs devoirs de piété : les temples sont remplis du matin jusqu'à midi de personnes du sexe, de tout âge et de toute condition. Agenouillées et le plus souvent accroupies sur leurs talons, elles passent des heures entières, un rosaire à la main, à marmotter des prières qu'elles n'entendent pas; les églises si fréquentées le matin sont presque toujours désertes après midi. On n'a pas coutume en ce pays d'assister aux vêpres, ni aux autres offices du soir. Les prêtres et les chantres salariés sont chargés de prier Dieu pour les autres.

Lorsque nous eûmes fait connaissance avec les Andalous, leurs femmes et leurs filles, celles-ci s'humanisèrent beaucoup en notre faveur. Nous leur offrîmes des bals qu'elles acceptèrent avec une sorte de satisfaction, elles y vinrent sous la conduite de leurs pères et de leurs époux, l'intimité entre les deux nations paraissait parfaite. Il y avait cependant chez eux une arrière pensée, nous devions cette apparente cordialité, et cette condescendance de leur part, à notre position politique et militaire dans ce beau pays: les Espagnols étaient convaincus qu'ils obtiendraient beaucoup par l'agaçante intervention de leurs filles, et c'était vrai.

On a assez légèrement avancé que les Espagnols sont excessivement jaloux : je les ai beaucoup fréquentés, je n'ai pas vu qu'ils le soient plus que nous. Peut-être cette opinion vient-elle de leur habitude de laisser peu sortir seules, leurs femmes ou leurs filles ; ou plutôt des scènes violentes et cruelles qui résultent de la coutume qu'ont les amants de chanter la nuit sous les fenêtres de leurs maîtresses et de braver ainsi pour l'amour d'elles, la fraîcheur des nuits et les dangers de la rivalité. Car alors, il arrive souvent que, soupirant pour la même personne, deux rivaux cherchent à s'égorger réciproquement. Je pense que cette jalousie s'éteint chez eux après les premiers transports de l'amour, c'est-à-dire avec la possession de la personne aimée.

Quoique nous fussions en cantonnement dans les différentes villes et villages de l'Andalousie, nous étions loin d'y jouir d'une parfaite tranquillité : les rebelles organisés en compagnies nommées *Guérillas* nous forçaient souvent d'en sortir, pour les poursuivre et les dissiper. Sur les derniers temps de l'occupation, ces *Guérillas* étaient si fortes et si multipliées, qu'il fallait des bataillons entiers pour lever les contributions, et faciliter les correspondances ; aussi avons-nous parcouru ce pays en tous sens et changé souvent de garnison. Nous faisions des marches et des contre-marches qui nous accablaient, mais quelques jours de repos passés au sein de l'abondance suffisaient pour nous faire oublier nos fatigues. Les vins délicieux de la Manche et de l'Andalousie étaient le remède efficace à toutes nos misères.

Les villages sont généralement plus gros, mais moins rapprochés en Espagne qu'en France; les églises beaucoup plus grandes, et très-riches: il y en a peu où l'on ne remarque un beau buffet d'orgues, mais assez ordinairement mal touchées. Ces villages renferment presque toujours un couvent et quelquefois deux, ce qui n'est pas sans agrément pour le coup d'œil.

Les principaux habitans d'un village de ce pays, sont d'abord le curé et l'alcade; viennent ensuite l'apothicaire, le greffier, le sacristain et le barbier. Ce dernier prend souvent le titre de chirurgien: sa boutique est le foyer de toutes les nouvelles, et la salle de concert de l'endroit: car chaque barbier est naturellement musicien et grand joueur de guittare.

Nos soldats vivaient beaucoup mieux dans ce pays que partout ailleurs. Le pain, le vin et la viande y sont excellens: les fruits et les légumes abondent de toutes parts, et l'huile d'olive nous était fournie *gratis* par les habitans chez lesquels nous logions; nous n'avons réellement manqué de vivres que dans les grands rassemblemens de troupes pour des expéditions précipitées. Telle fut celle que nous fîmes sur *Médina del Rio Séco*, à la poursuite des Anglais en 1808, et peu de jours après notre arrivée à Madrid.

L'armée anglaise s'était rassemblée dans les Asturies et dans le royaume de Léon. Nous traversâmes rapidement la fameuse montagne de *Guadarama* par un froid extrêmement vif, nous étions couverts de frimats. Quelques régimens des fusiliers de la garde nous avaient précédés, tout était dévasté sur leur passage. A peine étions-nous au-de là de la petite ville d'*Aré-*

*valo* en vieille Castille, que nous trouvâmes des chemins affreux et impraticables : une partie de notre artillerie fut obligée de retourner sur Valladolid. Ayant perdu la trace des routes, nous nous enfoncions jusqu'aux genoux dans des terres argileuses et glissantes. Plusieurs soldats y périrent, d'autres se fusillèrent de désespoir; enfin, après des peines infinies, et dont je donnerais vainement une idée, la division, c'est-à-dire, deux ou trois cents hommes seulement, sur dix mille que nous étions, arrivèrent à *Rio Séco* le jour fixé; le reste ne rejoignit que partiellement, et quarante-huit heures après, il y avait encore des hommes égarés :

on fit alors l'appel, il nous manquait plus de cent militaires de toute arme, dont on n'eut jamais de nouvelles.

Ce fut dans cette ville que nous reçûmes contre-ordre, les Anglais s'étaient embarqués précipitamment. Nous retournâmes à Madrid par la route de Valladolid; nous retrouvâmes les mêmes couvens, et force paille pour nous délasser de nos fatigues. Il est vrai que le roi Joseph n'était point encore installé dans le palais des souverains, car il n'eut pas manqué, dans cette circonstance, d'ordonner en notre faveur de copieuses distributions de vinaigre.

J'ai eu l'occasion de passer plusieurs ſois le Guadarama, et ce ne ſut jamais sans un nouveau plaisir que je contemplais ces lieux élevés, arides, et couverts de neige et de ſrimats : quel contraste que cette solitude imposante avec la plaine ſertile et riante que l'on rencontre au bas, et où l'on respire un air doux et parſumé !

Après avoir parcouru le royaume de Jaën, tenu garnison dans les villes d'Ubéda, Baëza, Martos, Alcandete, Villa-nuèva, Villa Carillo et les nombreux villages qui les avoisinent; après avoir pillé et incendié à plusieurs reprises les villes de Cazorla et de Ségura, quartiers généraux des rebelles, nous reçûmes l'ordre de nous tenir prêts à partir pour nous diriger sur Séville. Nos chefs ne parurent pas très-satisfaits de s'éloigner d'un pays où ils s'étaient si bien engraissés ; presque tous chargés d'or, eussent bien voulu retourner en France jouir de leur fortune ; quelques uns y parvinrent, mais le plus grand nombre restèrent à leur poste. Comment nos officiers n'eussent-ils pas aimé cette terre de délices : Ceux d'entre eux qui commandaient des villes et des villages avaient des appointemens de trois cents à cinq cents francs par mois et la table ; n'ayant d'ailleurs aucune dépense à faire, ils ne pouvaient se dispenser de thésauriser. Leur table était abondante et délicate, ils y invitaient souvent les autorités locales et les curés ; maîtres absolus des contrées confiées à leur commandement, ils avaient part à toutes les gratifications, et recevaient tous les hommages. Ce fut bien pour ces messieurs un véritable pays de Cocagne. Ceux qui n'ont pas mis à profit ces heureux temps pensent aujourd'hui que c'est un songe dont ils n'ont conservé que le souvenir.

Nous partîmes enfin. Je n'entretiendrai pas le lecteur des scènes d'attendrissement auxquelles notre départ donna lieu. Il fit couler bien des larmes. Ceux qui s'étaient fait aimer en répandirent de sincères. Les habitans paraissaient nous regretter vivement, il est vrai qu'ils ne pouvaient que perdre aux divers changemens qui s'opérèrent; car étant remplacés par d'autres troupes, c'était de nouveaux caractères qu'il leur fallait étudier, et de nouvelles connaissances à faire.

Nous étant rassemblés à Andujar, nous marchâmes sur Séville en passant par Cordoue, Essija, Carmona et Fuentes. Toutes ces villes sont fort belles et bien peuplées, elles étaient occupées par nos troupes, mais les garnisons nous parurent faibles, et nullement en rapport avec le service journalier, et la nécessité de conserver les communications.

Des renforts considérables avaient été dirigés sur l'armée d'Estramadure. Au fur et à mesure que nous approchions de Séville, nous étions dans l'enchantement; quel sol fécond! quel aspect riant et pittoresque! c'est bien le jardin de l'Espagne, on croirait que la nature a rassemblé là tous ses trésors. De quelques côtés que se portent les regards, ce ne sont que riches plantations d'oliviers, au milieu desquelles figurent des maisons de campagne de la plus grande beauté; des orangers, des figuiers, des amandiers, des arbustes de toutes espèces, et de toutes couleurs: des vignes chargées de raisins d'une grosseur prodigieuse; des milliers de melons de diverses natures, couvrant au loin la terre; enfin un air suave et balsamique venait encore ajouter au charme de ce délicieux tableau.

Séville est après Madrid la plus

grande et la plus riche ville du royaume d'Espagne. Sans être absolument régulière, les rues sont larges et belles. Les maisons sont d'une structure moins élégante que dans la capitale, mais beaucoup plus propres et plus commodes. Les riches habitans de Séville passent l'hiver dans leurs maisons de campagne, parce que cette saison est aussi douce que le printemps chez nous : ils retournent l'été à la ville chercher dans la commodité et la fraîcheur de leurs habitations un abri contre les inconvéniens d'une température brûlante. Rien n'est mieux entendu que la distribution de ces maisons. D'abord, un long corridor aboutit dans une cour autour de laquelle règne souvent un péristile et des galeries ; cette cour est absolument couverte, environ à six pieds au dessous du toit, d'une forte toile tendue par des cordes à l'aide de poulies, et impénétrable aux ardeurs du soleil; une fontaine en jet d'eau coule dans le milieu, et différens arbustes placés dans d'immenses caisses au pourtour de cette cour, répandent une odeur délicieuse, et ajoutent à l'agrément et à la fraîcheur qu'on y respire. Enfin, des portes à claires voies, placées de distances à autres, laissent voir à l'extérieur, tandis que d'immenses jalousies admettent dans les appartemens la clarté nécessaire pour pouvoir vaquer aux occupations accoutumées.

Les Andalous sont généralement

plus propres que les autres habitans de l'Espagne, et Séville renchérit encore de ce côté sur toutes les autres villes du royaume. La maison du pauvre est aussi bien tenue que celle du riche, on remarque dans le ménage et dans les meubles un certain arrangement qui fait plaisir.

Le port de Séville est commerçant et commode. Tout ce qui est nécessaire à la vie abonde dans la ville, rien n'y est cher; cependant il s'y trouve plus de mendians qu'à Madrid. Il semble que cette classe de gens augmente proportionnellement avec les richesses du pays, et les ressources du commerce. Cette remarque est aussi applicable à toute l'Italie et à nos riches contrées méridionales.

Les habitans de l'Andalousie sont plus enclins aux plaisirs que les Castillans et les Arragonais, peut-être doivent-ils ce penchant à leur nourriture plus succulente, à leur constitution plus vigoureuse, ou à l'influence d'un climat constamment doux et vivifiant: ils sont aussi plus lians, plus affables, et moins dissimulés que les peuples du nord de l'Espagne.

Les femmes de Séville passent pour les plus belles du royaume : je ne suis pas de cet avis. Je leur préfère les jolies Castillanes de la capitale : cependant il est juste d'ajouter que ce sont des genres de beauté absolument différens. *Las Sevillanas* (les Sévilloises) sont plus frivoles, plus animées et d'un tempérament plus ardent que les belles de Madrid; elles ont aussi plus de couleurs et d'embonpoint, moins d'affectation dans leurs manières, et moins de gêne dans leurs habitudes: on les approche avec une extrême facilité; au résumé, si j'avais à choisir entre elles, je prendrais pour maîtresse une sémillante andalouse, et pour femme, une sensible et tendre castillane.

Les femmes galantes de Madrid ont leurs duègnes, leurs entremetteuses; celles de Séville, de même qu'à Paris, se promènent avec autant d'impudeur que d'effronterie: les promenades publiques sont leur palais royal.

Lors de notre séjour à Séville,

le spectacle était très-fréquenté. Des danseurs français traversant les Pyrénées y accoururent, et firent une abondante récolte de piastres et de lauriers : ils montèrent plusieurs ballets que l'on courut voir avec le plus grand plaisir, entr'autres celui de la fille mal gardée. Des spéculateurs d'un autre genre furent aussi tolérés dans cette cité, et y exercèrent impunément leur vil négoce ; ainsi qu'à Madrid et qu'à Tolède, l'infâme roulette fut installée, et devint la ruine et le désespoir des familles ; ce ne fut pas un des moindres fléaux que nous leur apportâmes, ils en garderont long-temps le souvenir.

Après quelques jours passés dans cette ville au sein de l'abondance, nous nous dirigeâmes vers l'Estramadure. Heureusement que nous étions assez amplement pourvus de pain et de biscuits, car le pays que nous traversâmes était totalement dévasté, et presqu'entièrement abandonné des habitans.

Les Anglais s'étant réunis aux Espagnols nous attendirent à Albuèra, où il y eut une affaire sanglante; chaque parti s'attribua la victoire. La vérité est que nous perdîmes beaucoup de monde; mais l'expédition ne fut pas manquée pour cela, puisque le maréchal Soult dont le projet était de secourir Badajos, y parvint après la retraite immédiate des Anglais. Depuis cette affaire, nous n'obtinmes plus de véritables succès en Espagne; nos troupes étaient épuisées par des marches continuelles, leur nombre diminuait d'une manière sensible, et devenait même insuffisant pour conserver le pays soumis à notre domination. D'un autre côté, les partisans inquiétaient nos garnisons, et les forçaient à se retrancher dans des couvens, et à former des enceintes autour des maisons qui nous servaient d'asile; il y eut même des circonstances où nous dûmes battre en retraite jusques dans des clochers. Mais je m'aperçois que j'entre en matière de guerre, ce qui est étranger à mes intentions. Je reviens en conséquence aux Espagnols, et à leurs usages.

Pour faire une heureuse diversion

à ces marches et aux divers mouvemens de nos armées, cent fois répétés par nos journaux, et souvent dénaturés par des écrivains passionnés ou mercenaires, je vais donner une idée à mes lecteurs de la superbe cathédrale de Tolède et de l'aqueduc de Ségovie.

La cathédrale de Tolède est la métropole du royaume d'Espagne, et le siége d'un archevêché; cette superbe église a été construite d'après le modèle de S.t-Pierre de Rome. Rien en France ne peut lui être comparé, tant pour la grandeur, l'élégance et la somptuosité de l'architecture, que par le choix et le nombre des excellens tableaux qu'on y a rassemblé à grands frais. Les différens ouvrages de sculpture, de menuiserie et de serrurerie sont d'une admirable beauté, de même que l'immense grille qui sépare le chœur de la nef principale, et qui est en argent. Les Espagnols la firent couvrir d'une couleur de bronze, à notre approche, et par cet ingénieux moyen, ils la dérobèrent à notre rapacité. Les richesses et les revenus de cette basilique sont immenses, un nombre infini de chanoines, de prêtres, de chantres, et de musiciens y sont largement rétribués. Les ornemens, les lampes, les candelabres sont d'or et d'argent; deux magnifiques buffets d'orgues se font face dans le chœur, tandis que deux autres plus petits couronnent intérieurement les deux principales portes d'entrée. Les galeries extérieures sont larges et élevées, et ont été peintes à fresque par les plus grands maîtres. J'assistai un jour de fête à une messe de musique supérieurement exécutée dans cette cathédrale. Cette imposante cérémonie était vraiment digne du créateur.

Le palais de l'archevêque attenant à ce majestueux édifice est construit d'une manière analogue; son ameublement pourrait le disputer à celui des maisons royales: enfin pour éviter au lecteur des répétitions et des détails fastidieux, je dirai seulement que tout est ravissant, que tout est admirable.

Tolède, capitale de la nouvelle Castille est une assez grande ville, mais fort mal bâtie, et située sur le penchant d'un coteau : les rues y sont tortueuses et inégales, du reste elle est riche et commerçante. L'archevêché y attire beaucoup d'étrangers et de séminaristes. Il y a aussi une grande quantité de couvens, et conséquemment beaucoup de paresseux et de mendians.

L'aqueduc de Ségovie est un monument authentique de la grandeur et de la puissance des Romains, dominateurs de l'ancienne Ibérie. Cet aqueduc est composé de trois rangs d'arcades en forme de voûtes élevées les unes sur les autres, et au sommet desquelles on a pratiqué un canal qui conduit l'eau dans la ville de plus de deux lieues de distance. Les pierres formant le cintre de ces arcades sont d'un volume prodigieux, et posées sans aucune espèce de mortier. Il est incompréhensible comment on a pu élever de telles masses à une hauteur aussi considérable, et les lier entr'elles d'une manière aussi solide. Ce monument quoique très-ancien est encore aujourd'hui en fort bon état; seulement on remarque que toutes les parties des arcades exposées aux reflets de la lune, sont rongées à plus de six pouces de profondeur.

Le pont du Gard près de Montpellier est encore une espèce d'aqueduc qui, de même que celui de Ségovie est l'ouvrage des Romains.

Ségovie est peu agréable. Ses habitans m'ont paru aussi lourds que grossiers ; il y a cependant dans cette ville une des meilleures fabriques de drap du royaume : sa cathédrale est aussi fort remarquable.

Puisque je me trouve si près de la nouvelle Castille, autrement dite la Manche, et que je ne veux pas y suivre les divers mouvemens de nos troupes, je vais émettre mon opinion sur les habitans de ce pays, sur ces bons *Manchégos*.

Les *Manchégos* ont des habitudes qui leur sont particulières ; plus laborieux que les autres peuples de l'Ibérie, leurs mœurs sont plus pures, leurs liaisons plus douces et plus affectueuses : moins adonnés aux plaisirs et au libertinage, ceux qu'ils se permettent sont en parfaite harmonie avec leur caractère. Je les compare quelquefois à nos Champenois; comme ceux-ci, les Manchégos n'ont de véritables richesses que leurs vins qu'ils vendent et conduisent à Madrid. De même qu'en Champagne, ils manquent de bois, brûlent de la paille, et bâtissent leurs maisons avec de la terre à défaut de pierre. Les femmes de ce pays sont moins coquettes et plus réservées que les Andalouses. Un barbier mariant sa voix au son de sa guitare, va faire danser les *Siguidillas* (1) à toute la jeunesse d'un village pendant une soirée entière. Ces habitans respectent beaucoup

(1) Contredanses des Manchégos.

leurs pasteurs et leurs magistrats. Plus adonnés à la culture qu'aux arts et aux sciences, quiconque en ce pays sait lire et écrire a droit à des déférences et à des égards : l'*Escribano* du lieu ( le greffier ) est considéré comme un grand personnage ; on lui accorde les honneurs du *don*. S'il était tailleur ou cordonnier, ce serait tout simplement Pierre ou Vincent ; mais parcequ'il est *Escribano*, on le nomme *don Pèdro* ou *don Vicente*.

Le *don* que les Espagnols placent devant leurs noms équivaut à la particule *de*, qui distingue les nobles parmi nous. En prostituant cette distinction, les Espagnols l'ont pour ainsi dire avilie. Un cordonnier ou un maçon, possesseurs d'une grande fortune, seraient bientôt nommés *don Zapatero*, ou *don Alvanil*, pour peu qu'il leur plut d'ennoblir leur profession. L'or obtient dans tous les pays les hommages que l'on refuse au mérite et à la vertu.

La Manche et l'Espagne en général semblent être la terre classique des barbiers, ils rasent avec une merveilleuse adresse; à peine sent-on la douce pression de leur main légère; quand on a été habitué à la perfection de leur talent, et qu'on est dans la nécessité d'abandonner son visage à nos écorcheurs français, c'est alors que la différence paraît sensible: Paris, par exemple, abonde en coiffeurs se disant barbiers, et en barbiers se disant coiffeurs: ces butors prétentieux paraissent prendre plaisir aux souffrances qu'ils font endurer à leurs pratiques, et sont d'une si parfaite indifférence à cet égard, qu'ils négligent de prendre les moindres précautions; au surplus comme tout est charlatanisme dans cette capitale, les barbiers trouvent commode et avantageux de ne raser qu'imparfaitement; par ce moyen, on est forcé de retourner plus souvent dans leurs détestables boutiques. Ceux de nos provinces rasent un peu mieux, mais au total ils sont presque généralement d'une malpropreté dégoûtante.

En traversant la Manche nous appercevions souvent de loin une espèce de point noir à l'entrée de chaque village, lequel augmentait à notre approche. C'était les habitans de l'endroit, couverts de leurs manteaux, fumant et politiquant ensemble. Scrupuleux observateurs de nos forces, de notre tenue et de notre marche, ils en tiraient tout l'avantage possible en prévenant les chefs des Guérillas; et lorsqu'ils étaient assurés que nous avions éprouvé des revers sur quelque point de la Péninsule, ils nous saluaient ironiquement en s'écriant: *adios Caballeros, buen viaje.* (1)

Les Arragonais et les habitans de la nouvelle Castille entendent mieux la culture que les autres Espagnols; cependant ils sont encore en arrière eu égard aux peuples du nord de l'Eu-

(1) Adieu Messieurs bon voyage.

rope: il est vrai que leur sol naturellement fertile les dispense d'un travail long et pénible: il y a même des contrées où on n'engraisse jamais les terres: leur charrue n'est autre chose qu'un soliveau ferré d'un bout, de même qu'un aviron, auquel est adapté une espèce de bras pour le conduire. Cette machine sans roues, attelée de deux et quelquefois d'un seul mulet ou bourrique, trace des sillons de deux pouces de profondeur; ils ensemencent ensuite, puis font passer un rouleau une seule fois sur ces sillons, et tout est fini de la sorte; quelques mois après, la récolte est abondante.

L'Espagne si riche en grains et en vins de toute sorte, n'est pas si abondante en paturages; il y a des provinces où le foin est à peine connu; l'avoine y est aussi fort rare : les chevaux, les mulets et les bourriques, sont nourris d'orge et de paille hachée; il est des provinces entières où on ne rencontre pas une seule vache; de même qu'à Madrid on ne fait usage que de lait de chèvre. Les bœufs peu employés à la culture vivent en liberté dans les montagnes, de même que les beaux chevaux d'Andalousie.

Les chèvres et les moutons couchent aussi dans les campagnes, et ne rentrent guère dans les habitations. *El pastor* ( le berger ) parque avec son troupeau sur les monts ou dans la plaine, et y fait son *rancho* ( potage ); quand ses provisions sont épuisées et qu'il est contraint d'abandonner momentanément son bétail, il en confie la garde à deux énormes chiens : ceux-ci redoublent de vigilance pendant l'absence de leur maître, lequel à son retour trouve ses brebis brouttant en paix et leurs surveillans sous les armes.

Dans toute l'Espagne, les transports de marchandises, d'huile, de vins etc. se font sur des mules et bourriques ; on ne se sert de charrettes que dans la Biscaye et dans quelques contrées de la Castille. Rien n'est plus expéditif et moins dispendieux que ces transports à dos de mulets : deux hommes peuvent conduire cinquante de ces animaux, auxquels ils font faire douze à quinze lieues par jour avec une poignée d'orge. C'est d'ailleurs le seul moyen de transport possible dans les contrées montueuses dont l'Espagne abonde.

Delille a dit dans son poëme des trois règnes de la nature :

« A force de malheurs, l'âne est intéressant »

Si cet illustre auteur avait eu constamment comme nous ce pauvre animal sous les yeux, chargé et parfois succombant sous le faix, en butte aux bourrades des soldats, à la brutalité de ses maîtres, et à toutes les privations ; après l'avoir déjà cité comme modèle de constance, de résignation et de toutes les vertus domestiques, il lui eût encore consacré quelques vers dans ses chants immortels, et conséquemment ennobli sa misère.

Malgré la beauté des grandes routes qui conduisent dans les principales villes du royaume d'Espagne, on n'y trouve aucune voiture publique; peut-être cet inconvénient résulte-t-il du grand nombre de voleurs et de bandits dont ce pays est infesté. Aussi les chemins sont presque toujours déserts; l'honnête homme craint d'entreprendre un long voyage, et quand parfois cela arrive, il doit faire ses provisions, car les *possadas* (auberges) que l'on rencontre sont absolument dépourvues des choses nécessaires à la vie, on n'y trouve guère que du vin, de l'huile et de la paille; fort heureux quand les voyageurs peuvent s'étendre autour du feu sur de mauvaises nattes de joncs sauvages, et dormir enveloppés de leur manteau.

Presque tous les voleurs et les brigands dont l'Espagne fourmille, sont des hommes perdus de débauches et familiarisés dès l'enfance avec le crime; nés dans les villes, ils y croupissent dans la paresse et couverts de vermine, jusqu'à ce qu'ils deviennent la terreur de la société; des déserteurs, fléaux des régimens, et connus sous les noms de *valientes* (1) et *baratéros* (2). Ces hommes presque toujours prévenus de quelques crimes, échappent par la fuite à la rigueur des lois, et vivent de rapines dans les montagnes et les fermes isolées, où il est difficile

(1) Rodomonts.

(2) Teneurs de jeux de hasard.

de les atteindre. La cour de Madrid n'a jamais employé des moyens assez énergiques pour s'en délivrer; il faudrait pendant quelques années un nouveau Sixte-Quint sur le trône d'Espagne pour opérer un tel prodige.

Le commerce et les arts sont de mille ans en arrière en Espagne, en comparaison de la France et de l'Angleterre: à peine y a t-on l'idée des différens objets nécessaires à l'agrément de la vie. L'orfévrerie, la bijouterie, l'ébénisterie, l'horlogerie y sont dans l'enfance, de même que l'invention de tant de mécaniques utiles et industrieuses: on n'y connaît pas plus nos riches manufactures de toutes sortes de tissus; enfin ce qu'on y fabrique y est très-inférieur et perdrait beaucoup à l'exportation. Cette ignorance, cette apathie des Espagnols, provient de leur extrême facilité à se procurer les moyens de vivre.

Le fer est aussi d'un prix élevé dans ce pays, on doit en attribuer la cause non seulement au peu de forges qui y sont établies, mais encore à la difficulté et à la rareté des transports par terre; car les inconvéniens et les dangers auxquels seraient exposés les rouliers qui oseraient pénétrer dans la Péninsule, rendent de ce côté toute spéculation impossible. C'est pourquoi les Anglais s'empressent de fournir du fer à l'Espagne, et prennent en échange d'excellent bled, et des vins délicieux.

On trouve en ce pays de riches mines de plomb. Les plus considérables sont celles de *Linares*, gros bourg situé à quelques lieues d'Anduxar, où il y a aussi une fameuse fonderie de ce métal; un grand nombre d'ouvriers sont employés à la fonte et à l'extraction de ces mines qui paraissent inépuisables. Outre cette branche de commerce, le pays est déjà riche de son sol. Les habitans de Linares sont courtois, bienveillans et civilisés; n'ayant point abandonné leurs maisons à notre approche, ils souffrirent beaucoup moins que leurs voisins; leur bonne intelligence avec nos troupes fut durable. Il n'y a pas un militaire de l'ancien 55.[e] régiment de ligne qui ne se souvienne de Linares avec une sorte d'attendrissement.

En parcourant et en logeant chez les divers habitans des deux Castilles et de l'Andalousie, nous étions étonnés de leur apparente pauvreté. De mauvais lits, des meubles grossiers et en petit nombre, des escabelles au lieu de chaises, des cuillers de bois, peu ou point de linge; enfin, tous les dehors d'une déplorable indigence. Cependant nous levions fréquemment des impositions exhorbitantes, et ces mêmes habitans y satisfaisaient presque toujours sans contrainte; ayant alors recours aux précieux dépôts qu'ils tenaient soigneusement cachés.

De tous les habitans de l'Europe,

le Polonais et l'Espagnol sont les moins pourvus de linge; chez le premier c'est pauvreté; chez le second, c'est pure indifférence. Le riche espagnol change souvent de linge quoiqu'il en ait peu: il en préfère la finesse à la solidité. Il n'est pas rare de voir un *superbe* Castillan couvert d'un riche manteau, garni de velours chamarré, lequel n'a peut-être pas trois chemises mettables. L'habitant de la campagne, et l'Andaloux principalement, sont couverts d'argent de la tête aux pieds, et connaissent à peine l'usage des draps à leurs lits, et moins encore celui des nappes et des serviettes; aussi les femmes de ce pays font-elles la lessive toutes les semaines et se dispensent de la couler : du savon gras et de l'eau chaude, voilà tout leur secret : les chemises sont d'ailleurs repassées avec soin et fortement amidonnées.

Si la France était aussi riche de son sol que l'Espagne, si nos vins étaient aussi généralement bons et propres à l'exportation ; notre commerce serait encore plus actif, et nos richesses immenses ; car, il est hors de doute que les Espagnols négligent de profiter de leurs grandes ressources : Malaga, Alicante et Xerès exportent seules leurs vins : le reste de l'Espagne est de la plus grande incurie à cet égard : si au lieu d'outres de peau, l'habitant de la Manche et de l'Andalousie renfermait son vin dans des futailles, il en faciliterait la vente au dehors; l'Angleterre et la Hollande viendraient s'y approvisionner; et il n'arriverait pas comme cela s'est vu, qu'une partie de la récolte en raisins a été souvent abandonnée dans certaines provinces, faute de savoir où la loger, et dans l'impossibilité où l'habitant s'était trouvé de se défaire de la précédente; cette déplorable insouciance tient à l'espèce d'abrutissement où sont les paysans de ces contrées.

Si l'Espagnol était obligé de donner des soins plus constans et plus actifs à la culture de ses vignes, il serait plus précautionneux et plus attentif à tirer de ses vins un parti convenable; mais dans ce pays où tout croît sans peine, la vigne est presque abandonnée à la seule nature et à l'inépuisable fécondité d'un sol délicieux et enchanteur.

Les habitans des diverses provinces d'Espagne sont sobres, et d'une parfaite indifférence pour le vin, ce n'est guère que dans la dernière classe du peuple, et parmi les soldats que l'on rencontre des ivrognes, et ceux-ci sont universellement méprisés. J'ai connu plusieurs Andalous qui n'avaient jamais goûté de cette liqueur quoique leurs caves en fussent remplies; l'eau était leur boisson ordinaire, et ils la savouraient avec une sorte de délices.

Les Espagnols ont un penchant naturel pour les sucreries et les fruits confits; la moindre ville possède un confiseur dont le magasin est assez ordinairement bien assorti. Ils aiment aussi le tabac avec passion; c'est en effet une précieuse découverte pour les personnes naturellement mélancoliques : le tabac ajoute aux jouissances du riche, fait les délices du pauvre et le console dans sa misère. Tout le monde fume en Espagne le cigare de papier; cette habitude est tolérée jusques dans les meilleures sociétés : les femmes mêmes sacrifiant de bonne grâce à cette coutume générale, font usage de petits cigares en paille de différentes couleurs.

Rien n'est plus méthodique qu'un espagnol occupé à faire un cigare : il y met une sorte d'importance qui

chez nous paraîtrait ridicule ; fumant avec la gravité d'un calif, il exhale la fumée du tabac par la bouche et par le nez. Peut-être cette gravité a-t-elle pris sa source chez les Maures, anciens dominateurs de l'Espagne, dont ils avaient fait la conquête.

Lorsque nous longeâmes les bords de la Méditerranée en passant par *Motril*, *Almuneçar*, *Salobrena*, *Velez-Malaga* et *Malaga* ; nous trouvâmes ces villes ( la dernière exceptée ) peuplées d'habitans sales, grossiers et presque dans le dernier dénûment. Nous attribuâmes cette misère à l'insouciance et au peu d'industrie de ces malheureux, vivant la plupart du produit de leur pêche, et habitués à toutes les privations.

Ils cultivent cependant la canne à sucre avec succès. Le pays est d'ailleurs assez abondant en fruits et en légumes.

Malaga diffère essentiellement de ces contrées; son commerce est étendu, et son port assez fréquenté la rend florissante et agréable: c'est la seule ville d'Espagne où le vin soit convenablement logé: on se sert à cet effet d'immenses foudres, et de grosses futailles pour l'exportation de ce nectar si justement renommé.

Alicante, Antéquerra, et quelques autres villes du royaume de Murcie, font aussi commerce de leurs vins avec les étrangers : il serait à désirer que tous les grands propriétaires de vignes de l'Espagne pussent se livrer à cette spéculation qui deviendrait de jour en jour plus avantageuse.

Il est à remarquer que sur les ports de mer, et généralement dans toutes les villes où il y a garnison, le peuple est plus méchant, plus crapuleux et plus dissolu que partout ailleurs. J'ai fait cette observation en Espagne, elle s'est accréditée dans mon esprit lors de mon retour en France. Dieu préserve un jeune homme de choisir une épouse dans de telles villes, sacrifiant le repos de ses jours, il se dévouerait d'avance à toutes les misères et à toutes les tribulations. Il y a cependant d'honorables exceptions, mais elles sont rares.

La population ne répond pas en Espagne à l'étendue de son sol, et la grande quantité de couvens de l'un et de l'autre sexe nuit essentiellement à la prospérité du royaume.

Il n'est que trop commun de rencontrer des terres incultes en ce pays; qu'on se garde de les accuser de stérilité, il ne leur manque que la culture; et à la réserve de l'aspérité insurmontable de quelques sites agrestes, tout deviendrait fertile à l'aide de bras actifs et vigoureux. D'ailleurs, l'Espagne étant très-pauvre en bois, et la plus grande partie de ces terrains paraissant très-propres à recevoir d'immenses plantations de cette espèce, cela deviendrait bientôt d'un produit et d'une utilité inappréciables.

Le charbon de terre est à peine connu dans ce pays; cependant d'après des notions certaines, il s'y trouve de riches mines de cette nature que l'incurie des habitans néglige de mettre à profit. Si le gouvernement s'appropriait cette branche de commerce, elle deviendrait bientôt d'un rapport considérable. Il en est de même des différentes carrières de marbre et d'ardoise que l'on pourrait aussi exploiter fructueusement, et à peu de frais.

On a souvent déprécié la cuisine espagnole. Il faut convenir qu'elle est loin de la nôtre pour la délicatesse et la variété des mets; les gastronomes y sont aussi plus rares qu'en France. Cependant il est certaines sauces, certains ragoûts, naturalisés dans la Péninsule, qui ne répugneraient point à l'extrême délicatesse et à la sensualité de nos riches. Par exemple, est-il quelque chose au monde de plus nourrissant et de plus agréable au goût que la *olla*, *el puchero* des Espagnols ; vainement nous avons essayé d'en faire d'aussi excellent en France ; c'est impossible. Nous manquons des divers légumes qui le composent ; car, où pourrions nous trouver *el Garbanzo* (1), la *Bérengéna* (2), *el Pimiento verde* (3), et tant d'autres sortes d'herbages, et, cette manière de le cuire qui ne s'apprend qu'en voyant faire : au surplus, cet excellent potage est un mets national qu'on ne perfectionne que sur les lieux.

(1) Gros pois carré.
(2) Sorte d'oignon.
(3) Poivre vert.

Il est encore une infinité de ragoûts espagnols dont nos plus habiles cuisiniers n'ont donné qu'une imparfaite imitation.

Quant à la pâtisserie, elle est en ce pays de toute manière inférieure à la nôtre : quelques classiques français dans ce genre s'étant établis à Madrid et à Séville, y ont fait de brillantes fortunes ; comme ils n'ont point prostitué leurs talens la place est encore bonne. Avis aux spéculateurs.

On dit en France que les Lorrains sont grands mangeurs de lard. On pourrait en dire autant de tous les Espagnols : il n'y a pas de pays où l'on tue un plus grand nombre de porcs; c'est une ressource immense pour les habitans de la campagne, qui par ce moyen font de bonnes provisions de saucisses, qu'ils conservent fort bien pendant une année entière, de même que le filet de cochon qui ne perd rien de sa fraîcheur.

Lorsqu'un Espagnol reçoit inopinément quelques amis, il leur prépare à l'instant un repas délicieux : ce sont des œufs frits, du filet de porc, des olives et d'excellens fruits. En quelque temps que ce soit, il est toujours abondamment pourvu de ces alimens.

On aime beaucoup le fruit en Espagne, les Andalous le conservent admirablement, il n'est pas rare de voir leur table couverte pendant tout l'hiver, de figues, de raisins et de melons d'une agréable fraîcheur : il est vrai que ces derniers sont d'une nature particulière à ces climats, quoique généralement plus petits que les nôtres, ils m'ont paru d'un goût plus exquis.

Dans certaines provinces d'Andalousie, où les grenades sont abondantes, on en sert dans les grands repas, que l'on mange avant la soupe; on a soin de les ouvrir d'avance et de n'en servir que les grains ou pepins saupoudrés de sucre, c'est dit-on un mets très-sain et très-apéritif. L'usage du chocolat est général parmi les Espagnols, le riche et le pauvre, le commerçant et l'ouvrier en ont l'habitude, ils le prennent ordinairement très-épais, délayé dans l'eau, ils y trempent des tranches de pain frites dans l'huile d'olive ; de cette manière il est stomachique et très-nourrissant.

Quoique le café soit peu cher en Espagne, il n'y a guère que les riches, et quelques habitans des grandes villes qui en prennent, encore est-ce après le repas. Peut-être que la plus grande partie de ces peuples ignorent ses qualités bienfaisantes ; cependant on en trouve chez les limonadiers de Madrid, et dans quelques autres grandes villes.

Lorsqu'après avoir parcouru toute l'Estramadure, et la haute Andalousie, nous fûmes contraints d'abandonner le blocus de Cadix, le royaume de Séville et ses riches contrées, nous marchâmes sur Grenade : notre retraite fut lente et agréable : nous traversâmes un pays charmant et des villes superbes ; telles qu'Ossuna, Antéquera, Santa Fe, et arrivâmes enfin dans la magnifique ville de *Grenade*. Cette cité si féconde en souvenirs, fut long-temps la capitale des Maures qui y ont élevés de rares monumens, parmi lesquels on remarque l'*Alambra*, palais gothique d'un style sévère, et d'une structure merveilleuse et originale. Sans être aussi grande que Séville, Grenade m'a paru plus commerçante que cette dernière ; ses habitans sont aussi plus vigilans et plus industrieux ; les magasins et les boutiques y sont beaucoup plus nombreux, plus variés et mieux assortis. Rien de plus imposant que l'aspect des montagnes qui avoisinent *Grenade*, et dont les sommets sont couverts de neiges et de glaces en bien plus grande quantité qu'à *Guadarama* dont j'ai déjà parlé, quoique la température des contrées immédiates soit beaucoup plus brûlante. Au bas de ces monts inaccessibles règne une éternelle verdure, la terre est couverte de mille arbustes qui rendent l'air suave et embaumé. L'eau qui coule et qui prend source dans ces immenses rochers rafraîchit et fertilise; aussi les fruits de ces contrées sont-ils d'une grosseur prodigieuse : les figues surtout m'ont paru incomparablement meilleures que dans les autres provinces d'Espagne, celles nommées *brévas* sont d'une chaire exquise.

Pendant les ardentes chaleurs de l'été, la glace abonde dans Grenade; les *botillerias* (1) y sont très-multipliées, on en compte presqu'autant que de tavernes dans Madrid : chacun court en foule dans ces lieux pour s'y amuser, y politiquer et y consommer des sorbets de toutes sortes.

Les Grenadines ressemblent plus aux femmes de Séville qu'à celles de Madrid. Plus immodérées que ces dernières, leur commerce est moins affectueux et plus désordonné, elles sont d'une sensualité brûlante qui va

(1) Endroit où l'on vend des glaces.

jusqu'au délire, il faut avoir obtenu leurs faveurs pour pouvoir les apprécier. Malheur à l'homme doué, ou plutôt affligé d'une complexion ardente, qui prendrait une pareille épouse; épuisant bientôt les sources de sa vie, le lit nuptial deviendrait son tombeau.

L'estimable auteur des lettres sur l'Italie, Dupaty, a dit que le *sigisbéisme* était général en ce pays. On pourrait en dire autant de Grenade, où chaque mari a presque toujours un substitut; il est vrai que les intrigues y sont fort secrètes et admirablement bien conduites. L'Espagnol naturellement confiant en son épouse, ne pardonnerait jamais à un rival, si son déshonneur était public et avéré:

sa jalousie irait alors jusqu'à la fureur. Je me rappelle à cette occasion, qu'un bourgeois de la petite ville d'Alcandète, du royaume de Jaën, ayant surpris un de nos capitaines en tête à tête avec sa femme, et leur position lui ayant paru très-équivoque, il dissimula son ressentiment, jusqu'à ce qu'ayant rencontré le moment où cet officier se trouvait éloigné de tout secours, il le fit cruellement assassiner au milieu de la nuit, dans un bal de société. Tous ceux qui ont connu cet estimable officier, le regrettèrent beaucoup (1).

Les voyageurs et les savans qui ont parcouru et visité les montagnes de

(1) Ce capitaine était du 55.e régiment de ligne, et se nommait Chivaux.

la Suisse si féconde en herbes aromatiques et en sites délicieux, seraient dans une véritable admiration à l'aspect de Grenade et de ses environs. Rien de plus majestueux, de plus varié, et de plus pittoresque. Ici des glaces, des neiges, des cascades; et plus bas, la douce chaleur d'un climat vivifiant et constamment prodigue de ses dons. Le souvenir de ces lieux enchantés ajoute infiniment au charme que j'éprouve à les décrire.

Je crois avoir déjà dit que les habitans de l'Ibérie étaient très-enclins à la danse; ceux du royaume de Grenade le sont encore plus que les autres peuples de l'Espagne: ici, à la ville, au village, à la ferme, tout le monde saute; la musique est plus bruyante qu'agréable. Les Grenadins dansent au son de leurs voix et des castagnettes qui marquent la mesure; ils y suppléent même au besoin avec leurs doigts : il y a des contrées où l'on se sert d'un tambour de basque.

Quoique les Espagnols aiment beaucoup la musique; ils ne la cultivent guère; il est rare d'y rencontrer de bons virtuoses, excepté la guitare, les autres instrumens y sont fort négligés. Ils ont aussi pour le violon une prédilection toute particulière, mais peu connaissent les ressources de cet agréable instrument.

Les paysans d'Andalousie ont un penchant inné pour le chant, et ne font aucuns frais pour la musique, ni même pour les paroles ; ils se contentent de psalmodier sur un ton lamentable, ce qu'ils ont fait, ou ce qu'ils vont faire pendant la journée; leur idiôme éminemment sonore leur permet de se livrer à ces burlesques improvisations.

On sait que l'Espagnol a plus de dévotion que de véritable piété; de là vient l'observance rigoureuse de certaines coutumes en pratique dans les différentes contrées du royaume; tels sont les fréquens pélerinages aux Notre-dames *del Pilar* à Sarragosse, *del Rosario* près d'Anduxar, et tant d'autres où la religion sert de prétexte, et où le peuple se livre à des désordres immoraux et scandaleux, et que j'aurais honte de faire connaître.

Tel est encore l'ancien usage de se

rendre en foule dans la ville de Jaën certain jour de l'année pour y adorer *el Santo Rostro* (la sainte face), et mériter les indulgences attachées à cette cérémonie. Certes, une telle coutume serait aussi vénérable qu'édifiante, si comme je l'ai dit ci-dessus, elle ne donnait aussi lieu à la dissolution et au libertinage inséparable des grandes réunions.

Les Espagnols si pieux en apparence, si attachés aux obligations que notre sainte religion nous impose, sont la plupart immodestes et distraits dans leurs temples; ils prient par coutume et paraissent peu pénétrés: il faudrait qu'ils pussent assister à nos offices, devenir témoins du saint recueillement qui y règne, et mettre en parallèle l'édifiante piété de nos prêtres avec l'irrévérance des leurs.

J'ai déjà dit que l'Espagne n'était pas essentiellement commerçante; de là vient en partie l'extrême rareté des foires qui y sont établies. Cette rareté a cependant son côté avantageux, car celles qui existent sont beaucoup meilleures que la plupart des nôtres. Les dangers auxquels les marchands s'exposent sur les routes leur fait vendre à des prix très-élevés, et quand ils peuvent échapper au brigandage pendant quelques années, leur fortune est faite.

Les rivières n'étant pas navigables en Espagne à cause de l'aspérité des montagnes qui les environnent en certains endroits, et du peu de fond qu'elles ont pendant les grandes chaleurs, cela porte une funeste atteinte au commerce. Le Tage, l'Èbre et le Guadalquivir sont cependant des fleuves assez considérables : ce n'est guère qu'aux environs de Séville que l'on voit quelques bateaux sur ce dernier.

La contrebande de toutes sortes de marchandises et principalement du tabac se fait en Espagne avec une extrême facilité, à cause des montagnes et des différens chemins de traverse et sentiers que l'on peut suivre pour échapper aux employés de la douane. D'ailleurs les contrebandiers sont ordinairement des hommes réprouvés par la société, pour des vols ou d'autres crimes, d'anciens soldats déserteurs enclins à la débauche et à une vie errante et désordonnée : ces misérables sont toujours armés, et font souvent cause commune avec les brigands des montagnes, lorsque ceux-ci ont besoin de résister à la force publique ou d'entreprendre une expédition dangereuse.

Presque tous les Espagnols sont disposés à favoriser la contrebande : de là vient l'incroyable quantité de marchandises qui échappent aux impôts auxquels elles sont subordonnées. Un contrebandier peut frapper à la première porte, elle lui sera ouverte : à la ville comme à la campagne, une généreuse mais coupable protection lui est accordée, jusqu'au moment où il pourra fuir avec assurance, et tirer profit de sa fraude il est quitte envers son hôte pour quelques onces de tabac, ou pour une couple de mouchoirs de poche. Il serait d'ailleurs imprudent et même dangereux de refuser un asile à des hommes familiarisés avec le crime et bravant audacieusement la rigueur des lois.

Les peuples de l'Ibérie sont nés montagnards ; dépouillés du manteau leur vêtement et leur chaussure sont parfaitement en rapport aux temps et aux lieux qu'ils habitent : couverts ordinairement d'une simple veste et d'une culotte courte, ils se chaussent d'une espèce de cothurnes nommés *aspargates*, fortement attachés par le bas des jambes avec des cordons : de cette sorte, ils atteignent le sommet des montagnes avec une incroyable célérité ; nos plus habiles coureurs feraient d'inutiles efforts pour les joindre. Ils sont aussi de leur nature très-robustes et très-courageux, surtout le véritable *siérano* (1) qui est accoutumé fort jeune aux fatigues et aux inconvéniens d'une température brûlante.

Il est étonnant que les peuples de la Péninsule, les plus rapprochés de nos frontières, tels que les Catalans et les Biscayens, soient moins civilisés que les autres habitans de ce vaste royaume : leurs mœurs sont plus agrestes, leurs habitudes plus

(1) Montagnard.

grossières, ils ont l'ame portée à la dissimulation, et le cœur enclin à l'artifice. Lorsque nous entrâmes dans ces provinces, à peine pouvions-nous obtenir pour de l'argent les marchandises et les denrées dont ils faisaient commerce. Nous attribuâmes d'abord leur air sombre et sévère à la haine naturelle qu'ils nous portaient. Nous nous aperçumes bientôt qu'ils n'étaient pas plus obligeans et plus civils entre eux : ils méconnaissent absolument la politesse et l'urbanité qui distinguent le Castillan et l'Andaloux, et il n'est guère que les prêtres et quelques riches qui fassent exception, dans ces tristes provinces, à l'ignorance et à la brutalité communes.

Quand nous avions besoin de vin dans ce triste pays, il fallait que nous attendissions en dehors de la taverne qu'on nous le délivrât par une ouverture en forme de fenêtre, pratiquée à cet effet. Si nous voulions nous rafraîchir sur les lieux, c'était encore par ces mêmes croisées qu'on faisait passer la cruche, après avoir payé d'avance. Les naturels n'étaient pas plus privilégiés que nous, ils attendaient aussi en dehors la précieuse liqueur; dès lors le vase commun parcourait les bouches à la ronde.

Il y a beaucoup moins de couvens dans ces provinces que dans l'intérieur du royaume; c'est un des rares bienfaits de l'abrutissement de ces peuples, qui habitués dès l'enfance à un travail rigourenx, et tout-à-fait étrangers aux avantages de l'instruction, ne connaissent que la culture des champs, et la liberté qu'on y respire; ils n'ont d'ailleurs qu'une fausse idée des douceurs de la vie monastique, et s'accoutumeraient difficilement (quoiqu'Espagnols) à la déplorable oisiveté des cloîtres.

Que le ciel préserve un étranger de l'accueil hypocrite d'un Biscayen; il est autant à craindre que la perfide dissimulation catalane. L'usage affreux du poignard doit avoir pris naissance dans ces contrées, ou dans le Piémont. Les peintres y trouveraient fréquemment des visages, où sont fortement empreintes la trahison et la cruauté; et si nos acteurs de mélodrames avaient des figures semblables dans *Cardillac*, les deux *Forçats*, ou l'*auberge* des *Adrets*, la stupeur de l'assemblée serait à son comble, et l'illusion complète.

Lorsque j'ai parlé de la généreuse hospitalité des Espagnols, je n'ai pas eu l'intention d'en faire honneur aux Biscayens, et moins encore aux Catalans: j'aurais regret à une allégation qui, contre mon gré, serait mensongère; et si j'ai pu dire du bien de ces peuples en quelque manière que ce soit, je me rétracte. N'y eut-il encore que Mina, dont le nom et la bande me sont toujours en horreur, je ne pourrais jamais songer à ces provinces qu'il arrosa du sang français, qu'il infesta de ses brigandages, sans éprouver le sentiment d'une juste exaspération ; d'ailleurs, quelques soient les services qu'il ait pu rendre à sa patrie, sa conduite envers nos prisonniers l'a signalé comme un homme cruel et sans pitié. Cependant plusieurs Français possédés du fanatisme politique, en ont depuis fait un dieu en préconisant son héroïsme et ses vertus. Leur démence, compagne de l'erreur, a droit à l'indulgence et à l'oubli.

On a vainement essayé d'assimiler Mina au général Ballesteros : celui-ci fut à la vérité chef de parti lors des premiers tems de l'invasion ; mais autant le premier fut féroce et barbare, autant Ballesteros était humain et généreux. Qu'il me soit permis de citer un fait dont on ne pourra suspecter la véracité : plus de mille soldats qui en furent les témoins ne sont pas tous descendus dans la tombe.

Douze cents hommes environ du 55e régiment d'infanterie de ligne, sous les ordres du colonel baron Schwiter, aujourd'hui général de brigade en retraite, furent attaqués au village de Campillo près d'Estepa en Andalousie, par sept à huit mille hommes espagnols, commandés par le général de brigade Ballesteros. Le colonel Schwiter déploya dans cette occasion une grande présence d'esprit et une rare intrépidité. Ayant formé six pelotons de son régiment, il battit en retraite par échelons en faisant à chaque halte face en arrière, et nourrissant un feu destructeur sur l'ennemi qui ne put parvenir à l'entamer. Se portant aux points où le danger lui paraissait le plus imminent le baron Schwiter en imposa tellement aux Espagnols dans cette occasion, qu'il sauva sa troupe, et parvint jusqu'à *Estepà*, où il reçut du renfort. Le général Ballesteros pénétré d'admiration pour la valeur de nos soldats, et pour leur chef en particulier, fit relever nos blessés avec les siens, et ordonna de leur prodiguer les soins les plus actifs; ne bornant pas là sa généreuse sollicitude, il adressa une lettre au brave Schwiter par laquelle il lui exprimait les sentimens de la plus haute estime, et les félicitations les moins équivoques, sur sa conduite admirable pendant l'affaire. Que l'on cite un pareil trait en faveur de *Mina*, et je m'efforcerai d'oublier ses fureurs et ses cruautés.

Il y a à peine un siècle que les Espagnols étaient réputés excellens soldats : des conquêtes brillantes et étendues sont une preuve irréfragable de la supériorité de leurs armes : leur bravoure était passée en proverbe. Aujourd'hui, semblables aux Romains, ils sont bien dégénérés. Il est facile d'alléguer les causes du grand découragement qu'ils firent paraître, et du peu de résistance qu'ils nous ont opposés lors de la déplorable invasion de leur territoire par les armées de Napoléon. D'abord leurs régimens étaient mal organisés, et en partie composés de jeunes gens âgés de moins de vingt ans. Ces malheureux manquant souvent de vivres, et en proie au dernier dénûment, étaient conduits aux combats sans avoir la moindre expérience de l'exercice et des manœuvres. D'un autre côté, la rivalité des chefs les faisait agir isolément au lieu de centraliser leurs efforts. D'ailleurs peu aguerris, comment ces soldats eussent-ils pu résister aux vétérans de notre ancienne armée, bien vêtus, bien nourris, observant une discipline admirable, et ayant une grande confiance dans des chefs intrépides, fidèles au champ d'honneur et dès long-temps accoutumés à la victoire.

Parmi les diverses expéditions que nous étions obligés de faire, tant pour lever les contributions, que pour dissiper les nombreuses *guérillas* qui nous inquiétaient de toutes parts, je ne dois pas omettre celle de *Siguenza*, ville épiscopale située à vingt lieues de *Madrid*.

Un corps de partisans espagnols y surprit un détachement de nos troupes, et massacrèrent dans la ville, et contre le gré des habitans, les prisonniers qu'ils nous firent dans cette occasion. Cette nouvelle parvint à Madrid totalement dénaturée : les bourgeois de Siguenza furent accusés de trahison et d'assassinat; une colonne de nos troupes fut immédiatement dirigée sur cette ville avec ordre de la châtier et de la réduire en cendres. Les habitans qui ne s'attendaient nullement à expier si cruellement un crime dont ils étaient innocens, n'avaient point abandonné leurs maisons, et s'ils s'y déterminèrent ce ne fut qu'après les premiers coups de fusils tirés de part et d'autre, et lors de la retraite précipitée de leurs troupes. Ceux des malheureux bourgeois qui étaient restés paisibles dans leurs demeures devinrent victimes de leur confiance et furent impitoyablement égorgés ; plusieurs jeunes personnes du sexe indignement abandonnées au viol, et les maisons pillées et réduites en cendres. La cathédrale même, ce riche et magifique édifice, n'échappa point à la profanation et au pillage : elle devint ainsi que le palais épiscopal la proie d'une soldatesque acharnée à la dévastation.

On nous avait logé dans un grand couvent dont l'immense réfectoire devint l'entrepôt du riche butin que firent nos soldats dans cette occasion. Livrés aux excès de la plus révoltante cupidité, plusieurs de ceux-ci négligèrent dans cette affreuse journée de pourvoir à leur propre subsistance pour ne s'occuper qu'à la recherche de l'or et de l'argent dont ils revenaient chargés. Les plus riches étoffes, le linge le plus fin étaient méprisés et foulés aux pieds. Quel tableau que ce réfectoire, que ces longs corridors remplis de tant de richesses inutiles aux dévastateurs. Ici des tas de sucre, d'amandes, de chocolat, sont épars dans le sang de plusieurs moutons et volailles égorgés; à côté des milliers d'œufs, des pots de graisse et de confitures, sont cassés sur des habillemens de toutes espèces; plus loin les vins et les liqueurs coulent à grands flots sur des ornemens d'église, des monceaux de linge et des toiles des Indes les plus variées; et par-ci par-là quelques soldats morts ivres, étendus sur des matelas et de riches pièces d'étoffe ou de soie, dorment profondément au milieu de la confusion et d'un tumulte épouvantable. J'avouerai que je n'eus pas le courage de me livrer à la destruction. L'ame profondément affligée, et pénétrée d'un sentiment de pitié mêlé d'inquiétude, je versai à part quelques larmes sur le sort de ces infortunés que cette fatale journée livrait à la misère et au désespoir. Un noir pressentiment semblait dès-lors m'annoncer de cruels revers; aujourd'hui même que vingt ans se sont écoulés depuis cette scène de désolation, il m'en reste encore un bien douloureux souvenir. O vous, mes chers compatriotes, qui avez souffert et fait mille sacrifices lors de l'occupation de notre territoire par les alliés en 1815 et années suivantes, quelsqu'aient été vos maux et vos privations, ils ne sont rien en comparaison de ce qu'ont éprouvé les malheureux Espagnols pendant l'injuste envahissement de leur patrie.

J'ai dit que les Espagnols étaient humains et généreux. Ce fut dans cette circonstance qu'ils en donnèrent des preuves. Les loyaux habitans de Madrid ne furent pas plutôt informés de la funeste catastrophe de *Siguenza* qu'oubliant leurs propres infortunes, ils s'empressèrent de souscrire en faveur de leurs malheureux compatriotes, afin que ceux-ci pussent relever leurs maisons encore fumantes; une bienveillante hospitalité fut même accordée à ceux qui étaient sans ressources et sans asile; enfin, plusieurs autres villes du royaume concoururent aussi à cette œuvre de bienfaisance, bien digne de servir d'exemple à tous les peuples.

C'est surtout dans les circonstances critiques que l'Espagnol déploie réellement les rares vertus qui le caractérisent. Un honnête homme éprouve-t-il chez eux des revers de fortune, qui partout ailleurs le plongeraient dans la misère, s'il a des parens ou des amis, il peut compter sur eux; ceux-ci toujours pénétrés des sentimens d'une admirable générosité, au lieu de le fuir et de l'abandonner, se concertent et s'entendent pour lui prodiguer des secours réparateurs; plus ses malheurs sont grands, plus il éprouve de leur part les précieux effets d'une constante sollicitude.

Comme il n'entre pas dans le plan de cet ouvrage de parler de la dernière guerre que les Espagnols se firent ultérieurement pour causes d'opinions différentes, je dois m'abstenir de toute réflexion à cet égard: il en doit résulter plusieurs changemens plus ou moins favorables, c'est à l'avenir à nous les faire connaître. J'en reviens à mes observations.

Le Roi d'Espagne possède autour de sa capitale de magnifiques maisons de plaisance, les principales sont *Arranjuez*, *S.t-Ildefonse* et l'*Escurial*.

Arranjuez est remarquable par la beauté de son architecture, par le site charmant et les belles forêts qui l'environnent; les souverains d'Espagne la préfèrent aux autres maisons royales; ils y passent ordinairement une partie de l'été avec toute la cour. Ce palais est devenu célèbre par l'arrestation de Manuel Godoï, prince de la paix, lequel dut la conservation de ses jours au courage et à la générosité du roi Ferdinand VII, qui fit de nobles efforts pour le soustraire à la fureur du peuple.

Quoique cette maison soit magnifiquement meublée, elle est loin de pouvoir être comparée à l'élégante somptuosité des palais de S.t Cloud et de Compiègne; ce n'est pas qu'on ait cherché à épargner quelque chose. Une sorte de prodigalité mal entendue la distingue des autres maisons royales; mais tout m'a paru d'un goût assez bizarre ; peut-être est-ce la faute des personnes qui ont présidé à cet étrange confusion de tant de choses cumulées sans goût : les glaces, la peinture et la sculpture, tout est analogue. Il est vrai qu'on avait enlevé tout ce qui pouvait s'y trouver de rare et de précieux.

Saint-Ildefonse situé à deux lieues de Ségovie est renommé par ses eaux qui prennent leur source dans les montagnes voisines ; mille canaux différens viennent se réunir dans cette agréable enceinte, et y former des cascades, des gerbes et divers jets d'eau d'une rareté ravissante. La fraîcheur qu'on y respire est délicieuse. Une immense quantité d'arbustes odoriférans viennent encore ajouter au charme qu'on éprouve à l'aspect de cette charmante solitude : c'est d'ailleurs avec l'Escurial le centre et le rendez-vous des grandes chasses qui se font dans les forêts du Guadarama et dans le grand parc qui l'avoisine et le traverse même près du chemin royal. Les bâtimens ne sont pas d'une grande étendue à Saint-Ildefonse, mais construits avec goût et simplicité, ils joignent le commode à l'agréable ; c'est en un mot une des plus jolies retraites que l'on puisse voir.

Enfin l'Escurial, superbe maison distante de dix lieues de Madrid, est renommée par son couvent. Ce monastère célèbre, ou plutôt ce magnifique palais fut bâti sous le patronage de S.[t]-Laurent à la suite d'un vœu formé par Philippe II avant la célèbre bataille que ce prince gagna sur l'armée française en 1563. C'est dans cette résidence royale que sont apportés les souverains d'Espagne après leur mort. Rien n'est plus majestueux et plus imposant que le sombre mausolée destiné à recevoir la cendre de tant de rois. On y descend par un grand escalier en marbre noir, couvert d'une voûte de même matière ; cet escalier est éclairé par la faible lueur d'une lampe sépulcrale de forme cinéraire. Après avoir fait quelques pas au bas des degrés on pénètre dans une immense pièce circulaire, autour de laquelle règnent quatre ou cinq rangs de tombeaux en marbre d'Italie, qui placés en travers dans des espèces de niches, forment des pyramides de la plus grande beauté. Au bas de chaque tombeau, sont inscrits en lettres d'or sur des tablettes, les noms, la date de la naissance et de la mort de chaque prince ou princesse; cette salle est aussi couronnée d'une voûte du travail le plus parfait. Mon ame à l'aspect de ces riches tombeaux dépositaires de la dépouille mortelle de tant de rois, ne put se refuser à la méditation et à la douce jouissance de la prière : tant de grandeur passée me fit songer à la fragilité des choses d'ici bas où rien n'est impérissable.

Je visitai aussi lès grands et les petits appartemens construits de même que le quartier des moines d'une manière élégante et commode. L'église du palais est aussi d'une magnificence peu commune ; on y remarque d'excellens tableaux qui seraient peut-être passés en France, si Bonaparte n'eût pas regardé comme certaine l'usurpation de la couronne d'Espagne en faveur de son frère. La bibliothèque est vaste et contient un nombre infini de livres rares et intéressans ; enfin, les jardins qui environnent ce palais sont d'une beauté difficile à décrire. Rien n'a été épargné lors de l'élévation de ce rare monument ; tout y respire un luxe oriental qui atteste bien l'opulence de l'ancienne cour de Madrid.

La petite ville de l'Escurial est

belle et bien peuplée, ses habitans sont francs et civils. Généralement assez fortunés, ils passent pour aimer les plaisirs et la bonne chère. Le fait est qu'y ayant été fort bien logé pendant environ dix jours, mon patron me traita de son mieux ; je mangeais à sa table. On nous servit un jour un plat d'excellente truite et de fort belles écrevisses. C'est le seul poisson d'eau douce dont je me sois régalé en Espagne, où je pense qu'il est fort rare. Cette ville abonde aussi en gibiers de toutes espèces que l'on vend à vil prix.

Parmi les nombreux et rares monumens que l'on remarque en Espagne, je ne dois pas oublier la cathédrale de Cordoue, ancienne mosquée des Maures : ce temple diffère beaucoup de nos églises, tant par sa forme que par l'originalité de sa structure. Il est presque circulaire et très-vaste ; ses voûtes sont peu élevées et soutenues par un nombre infini de colonnes aussi élégantes que délicates ; une superbe galerie supportée par d'autres colonnes règne au pourtour intérieur de l'édifice, et présente une balustrade en marbre d'une admirable beauté. Le pavé est en mosaïque d'une simétrie singulière. Enfin, l'or, l'argent, la peinture et la sculpture y sont en parfaite harmonie avec la somptuosité de l'édifice.

Cordoue est encore aujourd'hui une cité riche et considérable, située dans une plaine abondamment pourvue de tout ce qui est nécessaire à la vie; cependant tout porte à croire qu'elle est considérablement déchue de son ancienne splendeur.

Essija et Cordoue sont les villes d'Espagne où les oranges m'ont paru les plus belles et les meilleures. Les marchés et les places en sont couverts; il n'y a que cette extrême abondance qui puisse m'expliquer la modicité de leur prix : il en est de même des figues et des amandes douces si belles et si multipliées par toute l'Andalousie et dans les royaumes de Murcie et de Grenade. Je persiste à croire que les Espagnols naturellement insoucians ne tirent pas tout le parti convenable de ces fruits délicieux.

Après notre départ de Grenade, nous marchâmes sur le royaume de Murcie ; une maladie épidémique désolait ces contrées : quelques soins que nous prissions pour échapper à ses affreux ravages, elle atteignit cependant plusieurs soldats qui heureusement moururent avant d'avoir propagé la contagion.

Nous vinmes camper près de la petite ville d'Yècla située entre Villena et Chinchilla : ce fut dans ce camp que nous reçumes les premières nouvelles de la fatale campagne de Russie et de ses horribles suites. L'affliction fut générale, un sentiment de stupeur pénétrait tous les esprits. Il semblait que nous prévissions de nouveaux revers et des désastres inévitables. Après avoir séjourné trois semaines en ce triste pays dont nous épuisâmes les dernières ressources; après avoir ravagé les vignes et brûlé une grande quantité d'oliviers, nous marchâmes vers la nouvelle Castille, ( autrement nommée Manche ) où une partie de l'armée d'Andalousie se rassembla en attendant l'heure de la retraite générale. Nos cantonnemens furent habilement répartis; le vin et les vivres étaient excellens et en abondance. Cependant nous étions dans de vives inquiétudes sur notre avenir. La joie immodérée que faisaient paraître les Espagnols nous était d'un mauvais augure, et quelque fut l'adresse que nous missions à dissimuler nos craintes, les habitans ne jouissaient pas moins intérieurement de nos cruelles alarmes : d'ailleurs, persuadés de la prochaine évacuation de leur territoire, leur satisfaction était bien naturelle : depuis sept ans, ils avaient éprouvé mille véxations, et fait mille sacrifices; l'espoir d'une prochaine liberté pouvait seul ranimer leur courage.

Notre régiment fut désigné pour occuper la ville d'Avila. Nous y fûmes logés chez les habitans, bien m'en valut; car étant tombé malade quelques jours après notre arrivée, et me trouvant d'une faiblesse à ne pouvoir sans un danger éminent supporter les fatigues d'une évacuation sur les hôpitaux, de l'aveu de notre chirurgien major, je restai dans mon logement où je reçus les soins les plus assidus de mes généreux hôtes. Il m'en coûte extrêmement d'entretenir le lecteur de faits qui me sont personnels ; cependant comme je ne les crois pas dénués d'intérêt, et que d'ailleurs ils se lient naturellement au plan de cet ouvrage, et qu'ils feront connaître le caractère espagnol, je vais en parler.

Je m'étais concilié l'estime et même l'attachement *del Senor dom Antonio Lopez* et de sa respectable famille, par mes égards envers eux, et par une conduite bienveillante, dont je m'étais fait un devoir en entrant en Espagne et qui ne s'est jamais démentie.

Mes excellens hôtes me donnèrent d'éclatans témoignages d'affection tant que dura ma maladie, et que mes jours parurent en danger; leur zèle et leur attention à prévenir mes besoins et même mes désirs n'éprouvèrent pas la moindre altération. Je souffris pendant vingt-cinq jours d'un échauffement de poitrine, provenant des grandes fatigues que nous avions éprouvées. Ils n'en eussent pu faire davantage pour leur propre fils, ils se sont acquis des droits sacrés à ma reconnaissance. Éloigné de cette aimable famille par plus de trois cents lieues de distance, je n'en vis pas moins chaque jour avec eux par le doux souvenir de leur tendre sollicitude et de leurs vertus hospitalières.

J'étais à peine convalescent, quand la division reçut l'ordre d'effectuer sa marche rétrogade. L'heure de la retraite était sonnée, les puissances du nord et l'Angleterre avaient formé cette fameuse coalition qui nous devint si funeste. Il me fut, ainsi qu'aux autres malades, accordé le secours d'une mule pour suivre le régiment avec l'arrière-garde; nous sortîmes d'Avila à dix heures du soir par un tems superbe; cependant notre marche fut lente et difficile : à chaque instant nous faisions des haltes occasionnées par le plus léger obstacle, et par l'irrésolution qu'on éprouve toujours dans l'obscurité, où le plus petit ravin paraît un précipice. Ce fut à la suite d'une de ces haltes prolongées que nous

nous aperçumes que la colonne nous avait devancée, et qu'il y avait près d'une demi-lieue d'intervalle entre sa queue et notre arrière-garde : nous fimes de vains efforts pour rejoindre, il était trop tard; car, à peine avions-nous marché un quart d'heure, que l'avant-garde des ennemis nous ayant pris en flanc, et coupé, nous fit mettre bas les armes après une inutile et courte résistance. Je n'ai jamais pu concevoir comment nos gens nous ayant entendu tirailler, n'essayèrent pas un mouvement en notre faveur. Nos chefs savaient cependant que nous n'étions pas plus de soixante hommes, et qu'une partie du bagage du régiment était sous notre escorte; une telle indifſérence, ou plutôt un si cruel abandon doivent avoir eu besoin d'excuse. Nous fûmes tous faits prisonniers, à l'exception de quelques blessés auxquels il fût permis de continuer leur marche : j'ignore encore aujourd'hui si la fureur des paysans ne leur devint pas fatale. On nous conduisit aussitôt dans un petit village nommé *Bernui*, ( ce nom ne sortira jamais de ma mémoire), où nous fûmes enfermés dans une espèce de magasin, ( *Réal posito* ). Pendant cet intervalle, il ſut délibéré parmi les habitans du lieu si nous serions mis à mort ; nous entendions les allées et venues de cette canaille ameutée dont les cris tumultueux et menaçans n'étaient nullement faits pour nous rassurer.

Je parlais assez bien la langue espagnole pour être convaincu de l'éminent danger que nous courions; j'en fis part à mes infortunés camarades qui tous firent serment de défendre leur vie jusqu'à la dernière extrémité. Cependant nous fûmes bientôt rassurés par les soldats portugais qui nous servaient d'escorte, et qui moins barbares que ces féroces paysans, avaient juré de nous préserver de leur rage. Nous apprîmes aussi que dans l'espèce de conseil qu'on avait tenu à notre égard, un ancien officier espagnol, retiré dans ce village, avait énergiquement plaidé notre cause et obtenu que nous seroins immédiatement conduits à Avila, et remis au nouveau commandant de la place.

Il paraîtra étonnant que nous n'ayons pas été de suite envoyés dans cette ville sous notre escorte. J'ai présumé que les Espagnols craignant la rencontre de quelques corps de troupes françaises, préférèrent attendre que la ville d'Avila fut occupée par leurs autorités militaires; c'était d'ailleurs très-prudemment agir dans cette conjoncture, à cause de nos divers mouvemens sur tous les points de cette province.

Nous entrâmes donc dans Avila, le lendemain du jour que nous en étions sortis, faits prisonniers par des Espagnols et des Portugais; on peut croire qu'ils nous avaient entièrement dépouillés; à peine nous restait-il de quoi voiler notre nudité. La première personne que j'aperçus parmi les habitans qui étaient accourus en foule sur notre passage, fut le généreux Dom Lopez, qui m'ayant reconnu sous les haillons qui me couvraient, vint m'embrasser et m'aider à me soutenir, car je marchais avec efforts; seulement valétudinaire depuis quelques jours, ma faiblesse était extrême.

Rousseau a dit dans ses confessions : « Parmi le peuple où les « grandes passions ne parlent que « par intervalle, les sentimens de « la nature se font plus souvent « entendre. Dans les états plus élevés « ils sont étouffés absolument, et « sous la marque du sentiment, il « n'y a jamais que l'intérêt ou la « vanité qui parle. »

Cette assertion n'est pas généralement vraie, j'ai expérimenté plusieurs fois dans ma vie, que parmi la classe des grands, et des hommes qui ont joui de l'avantage de l'éducation, se trouvent souvent la noblesse des sentimens et un penchant naturel à la bienfaisance. Mon respectable hôte d'Avila en est la preuve; est-il rien de comparable à son rare dévouement, et aux témoignages de son amitié! Car en me prodiguant des secours et des consolations dans un moment où sa conduite envers moi pouvait paraître suspecte, et le faire considérer des siens comme *afrancézado*, Dom Lopez me fit connaître combien la bienveillance a de pouvoir sur une ame grande et naturellement sensible, puisqu'elle lui faisait braver les dangers auxquels s'exposaient ceux qui nous montraient des sentimens d'humanité. Ce vénérable ami ne borna pas sa générosité à me faire accepter du linge et des vêtemens, il me recommanda encore aux chefs qui devaient nous conduire, et obtint même ultérieurement la permission de me garder chez lui jusqu'au prochain échange des prisonniers. Je ne crus pas dans cette occasion devoir me rendre à ses vives instances. Je me serais cru coupable de me séparer de mes camarades d'infortune.

Après avoir passé quatre jours à Avila, pris congé de Dom Lopez et de sa famille, qui tous me prodiguèrent des secours et des consolations, nous nous mîmes en route par *Villa Franca*,

*Alva de Tormez Toro* et *Zamora*. Ayant séjourné à *Salamanque* nous continuâmes notre route, par *Ciudad Rodrigo*, *San-Martin*, *Robleda*, *Alcantara*, *Albuquerque*, *Badajos*, *Zafra*, *Olivarès* et *Séville*, où nous nous arrêtâmes pendant trois jours; nous marchâmes ensuite sur *Alcala los-Palacios*, *Lébrixa*, *Xerès de la Frontéra*, *Puerto Santa Maria*, *San-Fernando* et arrivâmes enfin à *Cadix*.

En jettant un coup d'œil sur le chemin qu'on nous fit faire, on verra qu'il fut d'un tiers plus long qu'il ne devait être. J'ai présumé que craignant de rencontrer, comme j'ai déjà dit, quelques corps de nos armées en mouvement sur plusieurs routes, nos conducteurs avaient ordre de nous conduire de cette manière. Notre route fut extrêmement pénible; nous étions constamment exposés aux bourrades des soldats et aux mauvais traitemens des habitans, qui s'assemblant en foule sur notre passage, nous apostrophaient par des injures et des imprécations : ceux des villages étaient encore plus acharnés contre nous que les citadins. Il n'était sorte d'outrages qu'ils ne nous fissent éprouver; nous arrachant nos schakos, et nous jettant par les croisées de l'eau et toutes sortes d'ordures. Je pense que sans la fermeté de notre escorte, nous serions devenus victimes de ces barbares.

L'accueil peu charitable que nous

faisaient les Espagnols, et surtout les femmes de la campagne, livrèrent long-temps mon esprit à de sérieuses réflexions : comment est-il possible, me disais-je, de rencontrer chez le même peuple autant de barbarie et autant de générosité ? Toutefois après m'être représenté les inconvéniens d'une guerre aussi injuste qu'impolitique ; après avoir consciencieusement réfléchi sur toutes les calamités que nous traînions à notre suite, dans ce riche pays, devenu pauvre par nos faits et œuvres ; après m'être fait une juste idée de ces malheureux habitans fuyant de toutes parts dans les montagnes, abandonnant leurs maisons dévastées par le pillage, ou dévorées par l'incendie, en proie à toutes les privations, et dont souvent les épouses et les filles n'échappaient à la brutalité du soldat que pour périr de misère dans leurs retraites; je me disais: leurs violences à notre égard sont légitimes, puisque nous fûmes cruels et sans pitié pour eux, pourquoi en auraient-ils pour nous?

La haine des Espagnols contre les soldats polonais était encore plus forte que contre nous; il est vrai que ceux-ci se permirent les excès les plus révoltans dans la Péninsule. Leur discipline était tellement relâchée à cet égard, que leurs chefs paraissaient n'y pas faire attention: d'un autre côté, nos Généraux semblaient craindre de prendre des mesures sévères de répression envers eux, de manière que c'était en quelque sorte des corps francs, auxquels tout paraissait permis. Aussi, l'approche d'un détachement de ces troupes faisait déserter villes et villages, et le nom *de Polaco* ( polonais ) devenait la terreur de ces contrées, et jettait l'épouvante partout. (1)

L'habitant des campagnes souffre beaucoup plus du fléau de la guerre que le citadin, quoique ce dernier soit plus souvent accablé de logemens; il est par sa position même à l'abri de toute violence, et exempt de fournir des vivres aux soldats, quand l'installation des magasins a pu avoir lieu. Le militaire est si habitué à sa

(1) C'est encore aujourd'hui avec ce *terrible nom* que les Espagnols se font obéir de leurs jeunes enfans indociles.

ration dans les villes de passage, qu'il n'exige de son hôte que ce qu'il a droit d'exiger. Aussi les habitans de ces villes n'ayant point abandonné leurs demeures, étaient beaucoup plus familiers, et plus affables avec nous; et lorsque par hazard nous repassâmes dans les villes que nous avions occupées, nous n'y fûmes maltraités d'aucune manière; plusieurs bourgeois s'approchant même de ceux d'entre nous qu'ils pouvaient reconnaître, liaient conversation avec une sorte d'intérêt, et leur offraient par fois des rafraîchissemens.

Le campagnard presque toujours exposé à la témérité des maraudeurs, à des levées de grains et de bestiaux souvent mal reparties, et à des passages de troupes considérables et imprévus, se trouvant hors d'état de pouvoir fournir à tant de demandes, abandonnait sa maison pour s'y soustraire; dès lors le soldat furieux d'un tel isolement se livrait à d'affreux désordres. De là, naquit la haine invétérée des paysans pour nous, et conséquemment le désir de la vengeance.

Tout le pays que nous parcourûmes, depuis Avila jusqu'à environ douze lieues de Séville, était d'une extrême pauvreté. L'Estramadure surtout n'offrait aucune ressource; sans cesse occupée soit par nos troupes, soit par les Anglais ou les Portugais; en butte aux excursions journalières des *Guérillas*, les habitans s'étaient en partie sauvés. Leur haine contr les Anglais était aussi implacable qu contre nous; ils ne pouvaient oublie leurs récoltes détruites, et leur maisons réduites en cendres.

Il n'y a pas une ville dans tout l'Espagne qui ait plus souffert d fléau de la guerre que Salamanque cette cité devint le quartier généra de tous les partis, et dut fournir toutes les demandes. Jai connu plu sieurs habitans de cette grande ville qui, possesseurs d'une brillante for tune avant l'invasion, se trouvèren sur les derniers temps réduits à nou demander du pain : leurs terre étaient depuis très-long-temps san culture, leur vendange et leurs fruit gaspillés, ou enlevés avant leur par faite maturité. Ces infortunés demeurés paisibles dans leurs magnifiques maisons, y gémissaient en proie à la misère la plus affreuse; le luxe de leurs appartemens formait un affligeant contraste avec leur déplorable dénûment.

Salamanque est fameuse par sa célèbre université, et par le grand nombre de ses riches couvens; les rues sont belles et bien pavées : on remarque surtout la grande place, dont les quatre façades sont d'une architecture élégante et moderne. Les portraits des souverains d'Espagne ont été sculptés sur ces façades par les artistes les plus distingués. De magnifiques galeries, ornées de magasins, règnent au pourtour, et sont fort commodes pour jouir de la promenade par le mauvais temps. Les églises et les autres édifices publics y sont aussi fort remarquables.

Au bout de quarante-trois jours de marche par un temps très beau à la vérité, mais par une chaleur de trente-cinq degrés, nous fîmes notre entrée à Cadix par la route de S.t-Ferdinand, ou plutôt par l'île de Léon, ce qui nous procura l'avantage d'admirer le plus beau port de l'Europe. J'avais vu ceux de Boulogne, de Calais et de Dunkerque; mais ils ne peuvent être mis en parallèle avec cette immense baye, couverte de vaisseaux, où flotte le pavillon de toutes les puissances du monde. La ville, que nous traversâmes au milieu d'une immense population, paisible observatrice de nos misères, est bien bâtie; les rues sont droites et garnies de trottoirs : la place S.t-Antoine surtout est fort belle et très-régulière; c'est le rendez-vous habituel des oisifs et des femmes galantes.

Cadix est la cité la plus commerçante du royaume d'Espagne, et l'entrepôt de toutes les marchandises coloniales. Avant que les Espagnols eussent perdus la plus grande partie de leurs riches possessions d'Amérique, rien n'égalait son opulence et son luxe. Chaque jour des bâtimens y abordaient, chargés des trésors du Nouveau Monde. Nous fûmes agréablement surpris de voir l'activité de soixante-dix mille hahitans, adonnés au commerce et aux arts, et vivant en parfaite harmonie, malgré la grande quantité d'étrangers qui s'y sont établis. Nous fûmes conduits au fort Sainte-Catherine, où nous trouvâmes plusieurs de nos compatriotes. Les premiers jours de notre arrivée furent consacrés aux soins de nous nettoyer et de nous blanchir; nous avions aussi grand besoin de repos. Plusieurs négocians français depuis long-temps établis dans cette ville, firent une collecte entre eux pour nous procurer du linge et quelques vêtemens : ils nous visitaient fréquemment, et ce n'était jamais sans alléger nos misères. Nous reçûmes aussi la visite de quelques vénérables ecclésiastiques, nos compatriotes.

L'un de ces derniers, nommé Gervilier, descendant d'une respectable famille d'Auvergne, m'ayant distingué parmi mes camarades, et s'étant aperçu, au bout de quelques jours, qu'outre la langue espagnole que je parlais assez purement, j'avais encore d'autres connaissances non moins précieuses, me proposa d'enseigner la langue française dans Cadix, s'offrant de me procurer des écoliers, et de me faire, par ce moyen, obtenir ma liberté. Je n'eus garde de refuser une offre aussi obligeante. Cependant j'alléguai mon inexpérience; mais ce digne homme promettant de me mettre au fait en peu de jours, m'aplanit les difficultés qui m'effrayaient. Ayant quelque temps après obtenu ma sortie du fort

S^te-Catherine, où je devais seulement me présenter le premier de chaque mois, je fus loger chez un riche bijoutier de la rue S.^t-François, où le digne abbé Gervilier m'avait loué une chambre. Dès le lendemain de ma sortie du fort, j'eus quatre écoliers, c'est-à-dire, que mon protecteur me céda ceux qu'il s'était volontairement conservés. Depuis long-tems ce vénérable ecclésiastique professait notre idiôme dans Cadix ; mais son âge et quelques infirmités ne lui permettant plus de se livrer à l'application, et pouvant d'ailleurs vivre de ses économies, et des revenus d'une chapelle confiée à son ministère, il avait été bien aise de pouvoir offrir à un compatriote les moyens de se procurer une existence honorable et facile. Grâces à ses soins obligeans et affectueux, à ses conseils, et à ses doctes leçons, je fus bientôt réputé bon professeur. J'eus autant d'écoliers que j'en pouvais enseigner ; et comme le moindre élève me payait quarante francs par mois (j'en avais même deux au prix de soixante francs chacun), je me trouvai bientôt dans une position fort agréable. Je n'ai point à me reprocher d'avoir été ingrat envers mon bienfaiteur, ni sans pitié pour mes anciens compagnons d'infortune ; je les visitais souvent, et leur portais quelques secours; je parvins même par la protection de plusieurs Espagnols, dont j'enseignais les enfans, à obtenir l'entière liberté d'un de mes camarades de régiment, orfèvre de son état, lequel ayant trouvé du travail dans la ville, s'y maria ensuite, et y est aujourd'hui parfaitement établi.

Je ne devais pas jouir long-temps d'un sort prospère, la cruelle épidémie de 1813 étendant ses ravages sur Cadix, y répandit la terreur et la consternation; chaque famille eut bientôt à regretter la perte de plusieurs de ses membres : le deuil était général. Un cordon sanitaire fut placé autour de cette cité malheureuse, et le drapeau noir arboré sur la tour principale. Ayant été atteint de la contagion, on me conduisit à l'hopital, où je demeurai vingt-six jours entre la vie et la mort. Dans cette occasion, le digne abbé Gervilier me donna les preuves de son inviolable attachement. Bravant les dangers et l'horreur qu'inspirent des souffles contagieux et des exhalaisons pestilentielles, il venait me visiter tous les jours. Ce fut à ses soins charitables et à ses touchantes consolations, que je dus mon prompt rétablissement. Il n'y a que notre sainte religion qui puisse inspirer un si noble dévouement et un tel mépris pour la mort. M.r Gervilier, journellement exposé aux atteintes mortelles de l'épidémie, paraissait cependant tranquille et résigné. Après m'être purifié par les bains, je sortis de l'hospice, ayant pour tout butin, la redingotte de nankin, dont on me fit présent, ainsi qu'un pantalon de même étoffe.

Ces effets quoique neufs, étaient bien loin d'entrer en compensation avec les miens, qu'on avait brulés par précaution, à l'exception de quelques chemises récemment blanchies, et d'une douzaine de cravattes ou mouchoirs de poche. Dans cette situation critique, l'abbé Gervilier me força d'accepter des secours, et prévint la vente de ma montre, et de quelques autres bijoux qui me restaient. Ce que je regrettai le plus de mes effets, impitoyablement livrés aux flammes, furent mes manuscrits; et particulièrement la traduction de quelques comédies des plus fameux auteurs castillans, dont j'ai parlé ci-dessus; j'avais choisi celles de leurs comédies qui me parurent avoir le plus d'analogie avec la manière de nos auteurs et nos habitudes de la scène : telles que, *el si de las ninas* (1), *el parécido en la Corté*, etc. (2). J'avoue que je pensais tirer profit de mon travail : il était naturel que je conçusse quelqu'espérance de ce côté, car quand j'entrepris cette traduction, j'avais pour collaborateur un Espagnol d'une érudition profonde, et possédant parfaitement notre idiôme. Ayant beaucoup fréquenté les tribunaux de Madrid pendant un an que nous y restâmes, j'avais aussi rédigé par écrit des observations sur les coutumes de ce pays, les hommes de lois, et sur tout ce qui tient à la ma-

(1) Le oui des jeunes filles.

(2) Le retour à la cour.

gistrature. J'en ai presque perdu le souvenir, et craignant d'avancer quelque chose qui s'éloigne de la stricte vérité, je préfère garder le silence à ce sujet.

Grâces à une constitution vigoureuse, je recouvrai bientôt mes forces et mon embonpoint. A cette époque, un riche négociant Espagnol, nommé *don Pèdro Aguilar*, dont j'enseignais le fils unique, m'invita à l'accompagner à une superbe maison de campagne, qu'il possédait aux environs de la jolie ville du port Sainte-Marie. J'acceptai son invitation avec empressement. Cette promenade me fit beaucoup de bien. L'air du port Sainte-Marie est excellent, et la campagne voisine fort agréable. Un jour étant monté en voiture avec don Aguilar, nous allâmes jusqu'à *Xerès de la Frontera* visiter un de ses oncles qui nous fit l'accueil le plus cordial. A notre retour, nous étant mis à table pour souper, je trouvai sous ma serviette un rouleau de *doublons* à mon adresse (environ 300 francs). J'hésitai de le mettre à ma poche, j'allais même parler à don Aguilar, lorsque me prévenant sur ce point, cet homme généreux me fit un signe obligeant et significatif pour m'imposer silence. Un tel procédé me parut si délicat et si désintéressé, que je ne pus résister au besoin de verser des larmes; mon émotion était trop visible pour échapper à don Aguilar, il en parut pénétré. Le souvenir de cette rare générosité me sera toujours précieux, et j'ai peine à croire que l'on puisse citer, en faveur d'un ennemi, un trait plus honorable et plus digne d'admiration. Dom Pèdro n'a point fait un ingrat.

Malheureusement tous les hommes ne sont pas doués des rares qualités du cœur; le cruel égoïsme l'emporte ordinairement sur les sentimens de noblesse et d'humanité. Rousseau, cet écrivain profond, ce penseur sublime, crut devoir se plaindre de ses concitoyens pour quelques critiques dictées par l'envie et la méchanceté. Serait-ce d'ailleurs injustement qu'on lui aurait reproché la maligne inconséquence de ses confessions, et son extrême ingratitude envers ses bienfaiteurs. Ah ! s'il eût été victime d'une atroce injustice, et constamment en butte à la persécution de ses semblables, qu'aurait-il donc écrit ? La tendre sollicitude de madame de Warens à son égard, méritait plus de ménagemens ; il n'a semblé rendre hommage à ses vertus, que pour publier ses faiblesses.

J'avais repris le cours de mes occupations, et je jouissais paisiblement, dans la société de mes amis, de quelques instans de loisirs qu'elles me permettaient. Au nombre des personnes estimables dont j'avais fait connaissance, se trouvait un capitaine d'artillerie espagnol, nommé *dom Louis Ximenès*. Ce brave et loyal officier, avantageusement conn[u] de l'abbé Gervilier, venait nous voi[r] régulièrement tous les jours; et quan[d] le temps le permettait, nous allion[s] nous promener au port *Sainte-Mari[e]* ou à *Medina Sidonia*; et lorsqu'i[l] faisait mauvais temps, ou que l'ai[r] était trop froid, nous faisions la parti[e] chez l'abbé ou dans ma chambre : ca[r] dom Ximenès habitait le pavillon de l[a] caserne S.[t]-Joseph. Ayant été plusieur[s] jours privés de sa compagnie, M. Gervilier et moi conçumes quelques inquiétudes à son égard; il fut résolu entre nous que ce jour même je me rendrais à son pavillon, afin de savoir ce qui pouvait le retenir. C'était, je m'en souviendrai toujours, le 24 mai 1813, que je me transportai à S.t-Joseph. Je priai l'officier, qui était de garde à la porte de cette caserne, de vouloir bien m'indiquer l'appartement de dom Ximenès ; il me répondit qu'il allait faire appeler quelqu'un pour m'y conduire. Au bout d'un quart-d'heure, je vis venir à moi une espèce d'officier en redingotte sale et en casquette, accompagné de deux soldats armés, qui m'ordonna de le suivre ; je ne fis aucune résistance ; on me conduisit en prison sans m'en dire davantage. Ne me sentant nullement coupable, je crus que c'était une mauvaise plaisanterie ; je demandai cependant à cet homme les motifs de mon arrestation ; il me répondit ironiquement que quand il en serait temps on me les ferait connaître.

Qu'on se fasse une idée de ma situation, lorsque je me sentis pousser par les épaules dans un cachot obscur, et que je me vis confondu avec des hommes chargés de fer. Une sueur froide me parcourut tout le corps, je tombai sans connaissance sur le pavé humide de ce séjour horrible; on s'empressa cependant de me prodiguer des secours. Je sus bientôt que ces misérables dont je devins le compagnon, étaient prévenus de délits politiques, de vols, et autres crimes.

Dès le lendemain de mon incarcération, j'écrivis plusieurs lettres, tant au gouverneur du fort S.$^{te}$-Catherine, qu'à mon respectable protecteur; mais elles furent toutes interceptées. J'appris aussi, dans la suite, que ce digne ecclésiastique, avait fait de concert, avec le propriétaire de mon logement, les démarches les plus actives, pour savoir ce que j'étais devenu, mais inutilement : car comme j'avais été arrêté sans motif, on s'était bien gardé d'en rendre compte à l'autorité supérieure.

M'étant mis en relation avec mes nouveaux compagnons d'infortune, je sentis le besoin de m'épancher. C'est l'unique consolation des malheureux. Je leur racontai naïvement mon aventure ; ils n'en parurent point surpris. « Vous êtes, me dirent-ils, victime « de la perfidie du cruel *Ruano*. Ce « monstre est adjudant de cette place, « et a un pouvoir sans bornes sur « l'esprit du capitaine général *Villa*

« *Vizentio*, gouverneur de la ville. « Il vous sera difficile de sortir d'ici, « et même de connaître quel est le « prétexte de votre détention. *Ruano* « dénonce et arrête qui bon lui sem- « ble, et son nom seul répand la « terreur parmi les habitans de cette » cité ». A ces mots, je versai d'abondantes larmes ; ma douleur était si profonde, que ces malheureux y parurent sensibles, et poussèrent la générosité jusqu'à se priver en ma faveur de quelques lambeaux de couverture pour me préserver de l'extrême humidité du lieu. Puissent les vœux que j'ai formés pour ces infortunés avoir allégé leurs misères !

Il y avait dix-huit jours que je gémissais dans cette affreuse prison, en proie à mes réflexions et à mille conjectures différentes : une sorte d'apathie maîtresse de mes facultés, me rendit à la fin comme étranger à mes propres infortunes : l'expression de mes chagrins n'était plus si vive, les jours me paraissaient moins longs, et les nuits moins affreuses. Infiniment touché des égards que ces malheureux avaient pour moi, je m'associais à leurs distractions, et je partageais leurs peines, me faisant même illusion sur leurs crimes, jusqu'à les croire d'innocentes victimes de l'oppression et de la tyrannie. Ne peuvent-ils pas l'être de même que moi, me disais-je, que ne doit-on pas craindre de la perversité des hommes? J'étais dans ces dispositions à leur égard, lorsqu'un événement inespéré vint m'arracher à mon inconcevable insouciance.

Le capitaine général comte de Labisbal venait d'être nommé par Ferdinand VII, gouverneur de Cadix, en remplacement du Marquis *Villa Vizentio*. Ce fut un grand bonheur pour tout le monde, car ce dernier était d'une inertie qui allait jusqu'à la faiblesse; se confiant aux rapports de ses subordonnés, il n'agissait que par eux : son gouvernement quoique fort court, fit bien des mécontens. Le comte de Labisbal au contraire possédait de rares connaissances en administration ; militaire aussi distingué que gouverneur intègre, il joignait la franchise de son état à l'urbanité d'un courtisan; ce changement fit généralement plaisir, et particulièrement aux malheureux détenus qui depuis fort long-tems désiraient être jugés.

Quelques jours après son installation, ce général vint faire inopinément la visite des prisons; on nous fit sortir dans la pièce qui servait comme d'antichambre à notre cachot : ce fut là que cet homme respectable interrogea tous les détenus; mon tour étant arrivé, je lui répondis que j'ignorais absolument les motifs de mon incarcération, et je lui racontai ma funeste aventure. Ma qualité d'étranger et l'ingénuité de mes réponses parurent le toucher vivement; il me promit de faire prendre des informations près des personnes que j'avais dit connaître, et notamment près de M.[r] de *Laville*, officier français, au service d'Espagne, et gouverneur du fort Sainte-Catherine. En effet, sa diligence fut telle dans cette affaire, que le lendemain à onze heures du matin j'étais en liberté. Que l'on juge de la joie que j'éprouvai dans cette occasion, après vingt-quatre jours d'une détention qui pouvait me devenir plus funeste! J'étais tellement livré à mes transports immodérés de satisfaction et de plaisir, que sans prendre le temps d'aller dans ma chambre me décrasser et changer de linge, je parcourais les rues comme un insensé. Je me rendis de suite chez l'abbé Gervilier, qui, m'ayant aperçu de sa fenêtre, vint

au devant de moi et m'embrassa affectueusement. Après les premiers épanchemens, je lui racontai mon histoire. Au nom de Ruano, il leva les yeux vers le ciel, et m'ayant embrassé de nouveau, il me dit : « Mon ami, re-
« merciez Dieu, vous devez votre
« liberté, et peut-être la conservation
« de vos jours au changement de
« Gouverneur. Le perfide Ruano
« avait aussi dénoncé Dom Ximenès
« comme *afrancézado*. Sachant que
« celui-ci blâmait ouvertement sa con-
« duite, la haine qu'il lui avait vouée
« était implacable. *Dom Ximenès*
« n'eut pas de peine à se justifier,
« mais indigné qu'on ait pu le croire
« suspect d'après d'odieuses insinua-
« tions, il donna et obtint sa démis-

« sion en quinze jours. Vivement « regretté de tous les officiers de la « garnison, cet homme estimable « vient de partir pour Valence où « se trouve sa famille. Partageant « d'ailleurs mes inquiétudes sur votre « sort, notre ami m'a fait promettre « de lui écrire aussitôt que je pour- « rais apprendre ce que vous étiez « devenu. Au surplus, ajouta Dom « Gervilier, je pense que vous n'a- « vez été incarcéré qu'à cause de vos « fréquentes relations avec Dom *Xi-* « *menès*, et je serais également de- « venu victime de la perfidie de « *Ruano*, sans le caractère sacré dont « je suis revêtu, et qui, pour tout « autre que mes supérieurs, rend ma « personne inviolable. »

Monsieur Gervilier m'apprit encore que *Ruano* était détenu à son tour sous le poids de plusieurs accusations, et devait bientôt subir un jugement, dont chacun attendait le résultat avec impatience. J'avoue que cette nouvelle me fit grand plaisir.

Après ce qui venait de m'arriver, Cadix n'eut plus d'attraits pour moi; il me tardait de pouvoir m'en éloigner. Nous savions depuis quelques jours que Napoléon avait été forcé d'abdiquer l'Empire, et que S. M. Louis XVIII étant remonté sur le trône de ses pères, l'échange des prisonniers devait être un des premiers bienfaits de la restauration. En effet, peu de jours après ma sortie des prisons de Saint-Joseph, le Gouvernement espagnol ayant reçu l'ordre de nous faire partir, nous en fûmes aussitôt informés; notre allégresse fut grande, nous la manifestâmes par les cris répétés de *vive le Roi*. Il nous fut accordé de retourner en France, par terre ou par mer. Je préférai faire le voyage de pied, afin d'échapper aux inconvéniens de la navigation; d'ailleurs, m'étant fait des amis en Castille et en Andalousie, j'étais bien aise de les revoir encore.

Ayant cinq jours dont je pouvais entièrement disposer avant de me mettre en route, je les employai à terminer mes affaires, et à prendre congé de mes écoliers et de leurs honorables parens. Nos adieux avec M. Gervilier furent pénibles et touchans; pénétré des sentimens d'une sincère affection, et de la plus vive gratitude envers ce généreux compatriote, je le priai d'accepter une bague qui me rappellerait à son souvenir; il n'y consentit qu'après m'avoir fait agréer une belle chaîne en or, que j'aurais conservée toute ma vie sans le cruel événement que je vais rapporter.

Un détachement de quatre-vingts prisonniers avait été mis sous mes ordres pour rejoindre nos foyers. Chaque jour nous marchions fort paisiblement, munis d'une feuille de route, et nous recevions régulièrement nos vivres en arrivant dans chaque étape. Nous n'étions plus insultés ni outragés en traversant les villages. Nous en attribuâmes la cause aux bons traitemens, ou plutôt à la généreuse hospitalité que les prisonniers espagnols reçurent en France, laquelle s'accrédita parmi leur nation, aussitôt que ceux-ci furent rentrés en Espagne. Les paysans s'humanisèrent tellement à notre égard, que parfois ils nous donnaient du vin dans nos logemens.

J'avais acheté un superbe mulet à Xerès, tant pour porter mon bagage, que pour me servir de monture, je n'eus pas l'avantage d'en jouir long-temps; car le lendemain de mon acquisition, m'étant arrêté à Lébrixa pour faire reposer et rafraîchir mon détachement (je devais aller coucher à *Los Palacios*) j'eus l'imprudence de faire prendre le devant à ma troupe sous la conduite d'un sergent, me promettant de le rejoindre aussitôt. J'avais dès la veille choisi un vieux militaire parmi nos gens pour avoir soin de mon mulet, et y mettre aussi son bagage. Une demi-heure environ après le départ de mes camarades, nous nous mîmes en route, ce vieux soldat et moi, pour les rattraper. Nous n'en étions pas éloignés de plus de deux portées de fusil, quand plusieurs hommes armés traversant les champs à droite et à gauche, nous coupèrent la route, et nous appuyant à chacun un poignard sur la poitrine, nous sommèrent de nous arrêter. Mon camarade ayant voulu faire quelque résistance fut indignement égorgé sous mes yeux. J'étais sans armes et hors d'état de me défendre, je me laissai dépouiller le plus humblement du monde; je ne sais pas même si je ne les prévins pas dans la recherche minutieuse qu'ils firent de l'or que j'avais caché en plusieurs endroits de mes vêtemens. L'expédition terminée, ces *Messieurs* eurent la bonté de me permettre de continuer ma route, et me gratifièrent avec ironie du titre de commandant, *Dios guarda uste senor commendante* (1) s'écriaient-ils. Je ne me le fis pas répéter, je m'éloignai précipitamment de ces brigands, et au bout d'une demi-heure d'une course non interrompue, je rejoignis mes camarades près desquels je tombai épuisé et sans connaissance: on me porta des secours, et nous

(1) Dieu vous garde, M.r le Commandant.

continuâmes de marcher. A notre arrivée à los Palacios, m'étant rendu chez le Corrégidor, je lui fis ma déposition, attestée par tous mes soldats, et mieux prouvée encore par le cadavre de mon compagnon d'infortune qui fut trouvé sur les lieux. Le Corrégidor était humain et généreux, il me fit présent de deux chemises, et me donna quelques piastres le lendemain à l'heure de notre départ. Toutefois ce funeste événement me causa un tort irréparable; j'arrivai à Bayonne sans souliers et sans argent. La perte que j'éprouvai dans cette occasion pouvait être évaluée à douze cents francs. Je n'y fus pas trop sensible, l'amour de la patrie est le dernier sentiment qui s'éteigne, je revoyais la France, et en mettant le pied sur cette terre sacrée, j'oubliai mes peines et mes infortunes.

Ici devrait se terminer le récit de mes Souvenirs; j'ai cependant à y ajouter encore, il est des événemens dont j'aurais regret de ne pas rappeler la mémoire. Le plus heureux pour les Espagnols, fut sans doute l'évacuation de leur territoire et la rentrée du Roi Ferdinand, après une captivité dont l'histoire n'a pas fourni d'exemple; car, quand par des promesses insidieuses, ce prince fut appelé à Bayonne, il était loin de penser qu'on l'y retiendrait prisonnier. Ses fidèles sujets semblaient prévoir ce qui lui arriva; on sait que lors de son passage en France, ils voulurent le faire retourner, on essaya même à Burgos de couper les traits de sa voiture.

Nous étions encore à Cadix quand les fêtes et les réjouissances publiques eurent lieu à l'occasion de la rentrée de ce prince. Il est impossible que dans pareille circonstance, l'allégresse soit plus vive et plus générale. Cadix était à cette époque le séjour des Cortès. Une nombreuse députation de cette assemblée avait été envoyée au Roi jusques sur nos frontières pour le complimenter, tandis que les députés qui étaient encore à Cadix s'y occupaient des préparatifs de ces fêtes mémorables dont cette ville gardera long-temps le souvenir. Des millions furent prodigués pour les rendre dignes d'une nation héroïque qui recouvrait son souverain après tant de sacrifices. La place S.t-Antoine avait été transformée comme par enchantement en un superbe palais où se réunirent dix mille citoyens de toutes classes et de toutes conditions. Il semblait que ce monument dut être éternel, de même que les arcs de triomphe élevés à grands frais dans plusieurs endroits. Une statue en argent massif représentant le Roi, et offerte par le commerce de la ville, fut promenée dans toutes les places, et saluée par les acclamations d'une multitude idolâtre de revoir des traits chéris et respectés; des banquets splendides furent offerts à tous les habitans : celui de l'immense salle du palais de la place fut délicat et somptueux, on y compta mille couverts. Des bals, des spectacles, des feux d'artifice, des illuminations furent prolongées pendant plusieurs jours. Le pavillon espagnol qui toujours avait flotté dans Cadix, fut arboré et couronné en mille endroits différens. Des transparens de toutes couleurs présentaient des inscriptions où l'amour des Espagnols pour Ferdinand était délicieusement exprimé; des distributions abondantes d'argent et de vivres furent faites aux nécessiteux; enfin, des débiteurs insolvables, et une infinité d'autres malheureux détenus pour de légères fautes furent rendus à la liberté à l'occasion de ces fêtes magnifiques.

L'Espagnol essentiellement royaliste et religieux est plutôt attaché à ses souverains par besoin que par devoir, il n'a fallu rien moins que l'inconcevable enjouement de Charles IV pour son favori Godoï, et l'étrange élévation de celui-ci à la principauté pour fomenter des discordes civiles; encore dans les derniers temps de son règne, le roi Charles fut-il plus méprisé que haï, et son abdication en faveur de son fils Ferdinand eut réconcilié tous les partis, si Napoléon en se déclarant le protecteur de ce prince, n'eût profité de son aveugle confiance pour usurper la couronne d'Espagne en faveur de son frère Joseph.

Ferdinand n'a pas assez apprécié les nobles sacrifices de ses peuples;

leur constance héroïque, leur fermeté inébranlable et tout ce qu'ils supportèrent pendant huit ans d'adversité. Le caractère national n'était plus le même à son retour que quelques années auparavant; il feignit de le méconnaître et ne parut pas s'en apercevoir. Chéri de ses fidèles sujets, ne devait-il pas faire quelque chose en leur faveur? Ce qu'ils désiraient lui eut coûté si peu! La constitution des Cortès parut en opposition formelle avec les prérogatives de la couronne, et les privilèges du clergé. Mais tout pouvait se concilier, il ne fallait que d'heureux changemens et d'utiles modifications. D'ailleurs, l'immortel auteur de la Charte, en rentrant en France semblait lui avoir tracé son devoir, Ferdinand ne pouvait choisir un meilleur modèle.

Louis XVIII dont le nom devait être si vénéré dans notre histoire, fut non seulement un grand Roi, mais encore un des hommes le plus profond et le plus éclairé de son siècle. Doué d'une sagesse admirable, d'une rare perspicacité et d'un esprit naturellement étendu, il acquit pendant un long exil les connaissances les plus variées. Consacrant ses loisirs à l'étude, il devint aussi habile politique que littérateur distingué; son génie aplanissait toutes les difficultés et surmontait tous les obstacles. Tel était le légitime souverain que les Français revirent avec transport.

Ferdinand n'était pas moins aimé

de ses peuples que Louis XVIII lors de sa rentrée dans son royaume, mais il s'entoura de ministres impolitiques et inhabiles, qui profitèrent de son inconcevable faiblesse pour gouverner l'Espagne sous son nom; d'ailleurs peu capable par lui-même de s'occuper fructueusement des affaires de l'état, il prêta l'oreille à des insinuations dangereuses qui causèrent de cruelles dissentions dans son royaume, et qui sans l'intervention du gouvernement français, lui eussent été bien funestes.

Lorsque des troupes françaises furent envoyées dans la Péninsule sous les ordres de Monseigneur le Dauphin, pour s'opposer aux progrès des révoltés contre le gouvernement de

Ferdinand, tous les partis seraient immédiatement rentrés dans le devoir, si ce prince eût pu se montrer docile aux conseils salutaires de l'auguste chef de notre armée, dont le courage héroïque et les rares vertus méritèrent l'amour et la confiance de nos soldats, et seront long-temps en vénération chez les Espagnols. Mais à peine Ferdinand fut-il assuré de la soumission de ses peuples, que tout rentra dans l'ordre des choses accoutumées ; les anciens préjugés prévalurent, et l'inertie du monarque servit de prétexte à de nouveaux désordres, et fit naître de nouvelles alarmes sur divers points du royaume. L'Espagne n'est pas aujourd'hui plus tranquille que dans ces temps de calamité où chaque citoyen combattait courageusement pour son roi captif, et pour sa patrie en proie au despotisme impérial. On ne peut pas même prévoir le terme de ses nouveaux malheurs.

Sa Majesté Charles X, dont la bienveillante sollicitude a droit à notre amour et à nos respects, vient d'exaucer les vœux de la France en rappelant nos soldats parmi nous. Peut-être que livré à ses propres forces, le souverain d'Espagne sentira bientôt la nécessité de faire d'heureux changemens et de déployer l'énergie nécessaire pour mettre enfin un terme à la révolte et au brigandage qui désolent une partie de ses provinces. D'ailleurs dans l'extrême pénurie d'argent où se trouve son royaume, dont le commerce est paralysé, il n'y a désormais que les richesses du clergé et les immenses revenus des couvens, qui puissent prévenir les déplorables suites de la situation critique où se trouve l'état discrédité, et livré à des discordes éternelles.

Espérons que le clergé et les moines de ce malheureux pays feront enfin d'honorables et salutaires concessions en faveur du monarque et d'un peuple héroïque, réduit aux dernières extrémités par vingt années de troubles et de guerres.

*FIN.*

www.ingramcontent.com/pod-product-compliance
Ingram Content Group UK Ltd.
Pitfield, Milton Keynes, MK11 3LW, UK
UKHW021130220726
13924UKWH00004B/1990

9 782019 9676